铁路科技图书出版基金资助出版

高速铁路运营设计优化

朱国志 著

中国铁道出版社

2017年·北京

内 容 简 介

本书结合高速铁路运营实际需要和发展需要，针对高速铁路设计、建设、运营时期，系统地进行了高速铁路有关设计、建设、运营的适用优化研究，细致研究了高速铁路站场、建筑、其他设施、有关专业设计和高速铁路动车组制动距离数学模型建立等内容，提出了明确的方法、途径，给出了清晰的结论、措施，以使高速铁路有关设计、建设、运营更好地满足并适用于高速铁路安全、优质、高效等运营需要和发展需要。本书可供设计单位设计等有关人员、施工单位工程技术等有关人员、监理单位有关人员、铁路局有关人员、高速铁路公司有关人员以及有关院校师生等学习、参考、使用。

图书在版编目（CIP）数据

高速铁路运营设计优化/朱国志著．—北京：中国铁道出版社，2017．11

ISBN 978-7-113-24037-0

Ⅰ．①高…　Ⅱ．①朱…　Ⅲ．①高速铁路—铁路运输管理—研究　Ⅳ．①U238

中国版本图书馆 CIP 数据核字（2017）第 285505 号

书　　名：高速铁路运营设计优化
作　　者：朱国志

策　　划：曹艳芳
责任编辑：曹艳芳　　　**编辑部电话：**010-51873162
封面设计：崔丽芳
责任校对：苗　丹
责任印制：高春晓

出版发行：中国铁道出版社（100054，北京市西城区右安门西街 8 号）
网　　址：http://www.tdpress.com
印　　刷：北京盛通印刷股份有限公司
版　　次：2017 年 11 月第 1 版　2017 年 11 月第 1 次印刷
开　　本：787 mm×1 092 mm　1/16　印张：9.25　字数：105 千
书　　号：ISBN 978-7-113-24037-0
定　　价：46.00 元

| 作者简介 |

朱国志 男，1967 年生，黑龙江林甸县人

1989 年毕业于长沙铁道学院，2007 年清华大学工商管理硕士学位，教授级高级工程师，享受国务院政府特殊津贴，铁路专业技术带头人，现任中国铁路武汉局集团有限公司总工程师。

曾获詹天佑铁道科技奖贡献奖，茅以升铁道工程师奖，火车头奖章。组织或参与的“武广高速铁路联调联试及综合试验”于 2011 年获中国铁道学会铁道科技奖特等奖，“CTCS-3 级列控系统综合试验及关键技术研究”于 2012 年获中国铁道学会铁道科技奖一等奖，“武广高铁关键技术研究”于 2011 年获中国铁道学会铁道科技奖一等奖。

先后亲自领导完成了合武客专、武广高铁、汉宜铁路、郑武高铁和 4 条城际铁路、武九客专等 9 条高铁和武汉枢纽高铁 C2 联通等联调联试、380A 型动车组综合试验等工作；有关高铁等 100 余项设计审查、优化细化等工作和 800 多个穿跨高铁等工程方案和设计的审查工作；独著有《高速铁路联调联试及运行试验》等书籍和有关论文，为中国铁路总公司有关重点课题的课题负责人。

前　　言

从时间上划分，高速铁路总体上可分为建设阶段和运营阶段，但两个阶段不是截然分开的，而是有机联系的。高速铁路建设是为了高速铁路运营，高速铁路建设阶段是高速铁路运营阶段的基础。高质量的高速铁路建设是高质量的高速铁路运营的先决条件，并对高速铁路运营和发展起到重要作用。

在高速铁路建设阶段，高速铁路建设项目按照立项决策、勘察设计、工程实施和竣工验收的基本程序组织建设。立项决策阶段主要包括预可行性研究和可行性研究；勘察设计阶段主要包括初步设计和施工图设计；工程实施阶段主要是按照设计文件组织建设；竣工验收阶段主要包括静态验收、动态验收、初步验收、安全评估和资产交接等。在高速铁路建设过程中，有关参建部门、单位应按照铁道国家标准、铁道行业标准、企业标准等，精心组织、细致做好高速铁路立项、勘察、设计、施工、验收等各阶段工作。

高速铁路建设项目立项之后，在做好高速铁路建设项目勘察工作的基础上，高速铁路设计是高速铁路建设、运营和发展至关重要的基础。随着高速铁路建设项目立项决策阶段、勘察设计阶段、工程实施阶段、竣工验收阶段的完成，后续的联调联试阶段、运行试验阶段、运营管理阶段相继进行。为此高速铁路建设单位、设计单位和被委托高速铁路运营管理的有关铁路局，需结合实际、实事求是地从安全、运营、发展等方面，通过不断科学、细致、切实做好高速铁路有关设计、建设、运营的适用优化工作，以使高速铁路建成后更好地满足高速铁路运营和发展需要，实现高速铁路高水平的设计、建设与高水平的运营、发展的相互促进、良性循环、持续提高。

高速铁路设计工作者应具有做好设计和发展设计的理念，设计规范等有关规定，是设计工作者必须遵守的基本要求，是设计的最低标准，但绝不是完美标准。高速铁路设计等有关人员需以每一项工程都要努力实现规划永久、设计科学、安全可靠、经济可行、质量优良、运营适用、满足发展为原则，积极做好高速铁路有关建设项目设计工作。并及时做好优化细化工作，从统筹布局、能力匹配、功能衔接、运营适用、发展需要等方面对各个项目的设计进行细致优化研究，提出科学合理意见。通过有效的措施做好有关沟通，努力做好落实工作。在实现资源节约、环境友好的前提下，统筹安全、效率、经济、发展等方面做好功能等布设，重视整体布局、重视科学集约、重视每个细节，努力做到方案最优化、设计最优化、工程最优化、运营最优化、发展最优化，努力做到使每一个高速铁路工程建设成为经得起运营、社会、历史检验的精品工程。

中国高速铁路经过数条数年的设计、建设、运营和发展，已经积累并不断积累很多很好的设计、建设、运营和发展经验。如何在现有基础之上做得更好，确实需要因需制宜、科学合理地做好高速铁路有关设计、建设和运营等重要基础工作；不断与实际适用、发展需要相结合，实事求是地不断进行优化提高，研究高速铁路有关工作的新方式、新方法。本人结合武汉铁路局已先后开通运营的合武、武广、汉宜、郑武、武咸、武石、武冈、武孝等多条高速铁路多年工作实际，通过深入调查研究、理性科学分析和不断感悟积累，终成此作，本书以实践之总结、感悟之积累来作以有关探索，以期对高速铁路设计、建设、运营和发展起到有益作用。由于水平有限以及看待问题角度的不同，难免会有错漏、偏颇之处，敬请高铁同仁和广大读者不吝赐教。

朱国志

2017 年 6 月 9 日

目　　录

第 1 章　高速铁路车站站场运营设计优化

1.1　高速铁路车站站场设计规定

根据《高速铁路设计规范》有关规定，高速铁路车站站场设计时，应达到以下有关要求。

1. 车站设计应满足系统功能要求和运输需要，便于运营管理，方便旅客乘降，并应根据需要预留进一步发展条件。

2. 车站到发线、动车组走行线应按双方向进路设计。到发线有效长度范围内不应设置道岔。

3. 车站咽喉两正线间渡线的设置应符合下列规定：

（1）始发站两端咽喉应各设置两条单渡线组成八字渡线或交叉渡线。

（2）有始发终到列车作业的中间站，其发车作业端咽喉应设两条单渡线组成八字渡线，无发车作业端咽喉宜设置一条单渡线。

（3）其他车站两端咽喉宜各设一条单渡线组成八字渡线，八字渡线的朝向宜结合维修车间（工区）的位置确定。

（4）无维修车间（工区）的车站与两端相邻车站均较近时可不设渡线。

4. 办理立即折返列车作业的中间站，宜在接车方向末端设置或预留折返线。正线通过列车较多时，折返线应与正线立交疏解。

5. 动车段（所、存车场）宜靠近车站设置，并纵列布置于车站到发列车较少一端的咽喉区外方，且应根据需要预留发展条件。

6. 维修车间（工区）宜靠近车站设置并纵列布置于车站的Ⅰ、Ⅲ象限，困难条件下可纵列布置于车站的Ⅱ、Ⅳ象限或其他合适的位置。

7. 动车段（所、存车场）、维修车间（工区）内的线路应设在平道上，困难条件下，咽喉区线路可设在不大于6‰的坡道上。养护维修列车走行线的坡度不宜大于30‰，困难条件下不应大于35‰。牵出线宜设在平道上，困难条件下坡度不应大于6‰。

8. 维修设施及设备配置应根据天窗时间完成维修工作需要进行设计。

9. 维修设施宜按照专业修、机械修、集中修进行设计，维修基地（段）、车间、工区选址应靠近车站，避开工程地质和水文地质不良地段，并应有良好的排水条件。总平面布置应根据生产工艺、环境保护、消防、卫生、通风、采光等要求，结合地形、地质、水文、气象等自然条件，因地制宜布置建筑物、线路、道路、管线及绿化设施。

10. 维修基地（段）设计总平面布置应确保工艺流程顺畅，避免流程交叉、相互干扰。近远期结合，预留发展条件。根据有关规定、需要设置有关线路等设施设备。

11. 维修车间设计总平面布置应有利于检修作业，工艺流程顺畅，避免流程交叉、相互干扰。维修车间线路设置时，维修车间内宜设置出入段线、停放线、材料装卸线等，出入段线的设置应便于作业车进出正线。根据有关规定、需要设置其他有关设施设备。

12. 维修工区设计总平面布置维修工区线路设置时，应根据管内线路轨道类型、数量，配置相应的大型养路机械及附属车辆的停放线、轨道车辆停放线、接触网作业车（包括作业车、水冲洗车）停放线以及材料装卸线。根据有关规定、需要设置其他有关设施设备。

1.2　综合维修车间（工区）设置位置的分析

为便于维修养护车辆进出综合维修车间（工区），《高速铁路设计规范》规定，综合维修车间（工区）宜靠近车站设置并纵列布置于车站的Ⅰ、Ⅲ象限，困难条件下可纵列布置于车站的Ⅱ、Ⅳ象限或其他合适的位置。在综合维修车间（工区）靠近车站设置并纵列布置于车站的Ⅰ、Ⅲ象限和Ⅱ、Ⅳ象限的情况下，对维修养护车辆进出综合维修车间（工区）有关进路进行分析如下：

当综合维修车间（工区）*a* 靠近车站设置并纵列布置于车站的Ⅰ(Ⅲ)象限时（图 1-1），维修养护车辆到上行区间（下行区间）的进路为：出综合维修车间（工区）切割正线后走行站内进路后进入上行区间（出综合维修车间（工区）走行站内进路后切割正线后进入下行区间）；维修养护车辆到下行区间（上行区间）的进路为：出综合维修车间（工区）走行站内折返进路后进入下行区间（上行区间）。因此，当综合维修车间（工区）*a* 靠近车站设置并纵列布置于车站的Ⅰ(Ⅲ)象限时，维修养护车辆到上行区间（下行区间）、下行区间（上行区间）的总走行进路数量、走行进路长度为：出综合维修车间（工区）切割正线后走行站内进路后进入上行区间（出综合维修车间（工区）走行站内进路后切割正线后进入下行区间）、出综合维修车间（工区）走行站内折返进路后进入下行区间（上行区间），简而言之，即切割正线进路＋走行站内进路＋走行站内折返进路。

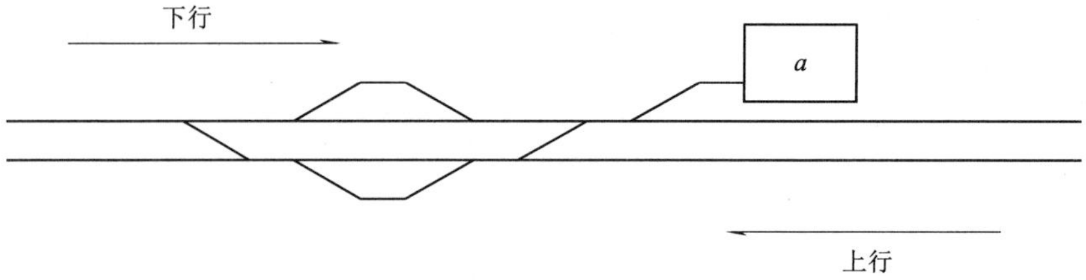

图 1-1 维修养护车辆进出Ⅰ(Ⅲ)象限综合维修车间（工区）*a* 有关进路分析图

当综合维修车间（工区）*b* 靠近车站设置并纵列布置于车站的Ⅱ(Ⅳ)象限时（图 1-2)，维修养护车辆到上行区间（下行区间）的进路为：出综合维修车间（工区）切割正线后走行站内折返进路后进入上行区间（出综合维修车间（工区）走行站内折返进路后切割正线后进入下行区间)；维修养护车辆到下行区间（上行区间）的进路为：出综合维修车间（工区）走行站内进路后进入下行区间（上行区间)。因此，当综合维修车间（工区）*b* 靠近车站设置并纵列布置于车站的Ⅱ(Ⅳ)象限时，维修养护车辆到上行区间（下行区间)、下行区间（上行区间）的总走行进路数量、走行进路长度为：出综合维修车间（工区）切割正线后走行站内折返进路后进入上行区间（出综合维修车间（工区）走行站内折返进路后切割正线后进入下行区间)、出综合维修车间（工区）走行站内进路后进入下行区间（上行区间)，简而言之，即切割正线进路 + 走行站内折返进路 + 走行站内进路。

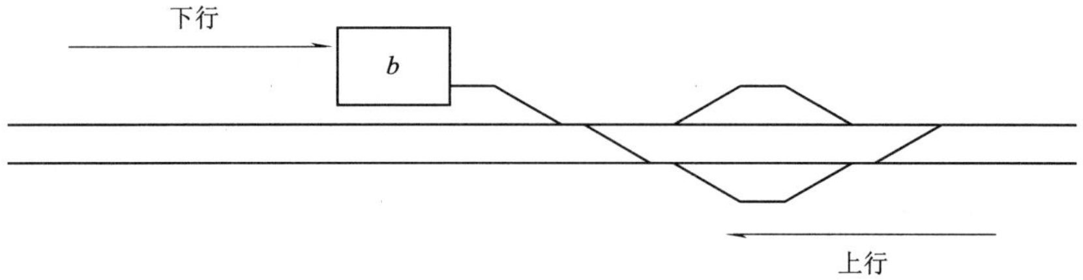

图 1-2 维修养护车辆进出Ⅱ(Ⅳ)象限综合维修车间（工区）*b* 有关进路分析图

从上述分析可以看出，在车站两端上行区间、下行区间维修工作量基本相同的情况下，综合维修车间（工区）靠近车站设置并纵列布置于车站的Ⅰ、Ⅲ象限和Ⅱ、Ⅳ象限时，维修养护车辆到上行区间、下行区间的总走行进路数量、走行进路长度总体是相同的。同理，维修养护车辆从上行区间、下行区间返回的总走行进路数量、走行进路长度总体也是相同的。

因此，在车站两端上行区间、下行区间维修工作量基本相同的情况下，综合维修车间（工区）靠近车站设置并纵列布置于车站的Ⅰ、Ⅲ象限和Ⅱ、Ⅳ象限时，维修养护车辆进出综合维修车间（工区）的方便程度是相同的。综上分析，综合维修车间（工区）靠近车站设置并均可纵列布置于车站的Ⅰ、Ⅱ、Ⅲ、Ⅳ象限。

但为从根本上防止维修养护车辆溜逸影响高速铁路安全，按照养护维修列车走行线的坡度不宜大于 30‰，困难条件下不应大于 35‰的规定，综合维修车间（工区）至车站方向的走行线宜设置为合适坡度的上坡道。

1.3　高速铁路车站站场设计的问题提出

普速铁路车站站场设计更加注重车站两端咽喉进路的灵活运用和股道到发能力的充分利用，因此，在普速铁路车站站场设计时，经常采用在普速铁路车站两端咽喉设置多条单渡线、交叉渡线方式来达到这一目的。高速铁路车站站场设计不同于普速铁路车站站场设计，而是根据高速铁路车站作业需要，在车站两端咽喉各设置一条单渡线或两条单渡线。但这并不意味着高速铁路车站站场设计就不考虑高速铁路车站两端咽喉进路的灵活运用和股道到发能力的充分利用，在考虑开行单方向追踪列车、节约投资等情况的同时，虽不需要求必须各站两端咽喉进路的灵活运用和股道到发能力的充分利用，但在相同投资或更少投资下，能使各个车站站场相互协同、相互补充，在正常情况下和非常情况下，使高速铁路全线发挥最大运输能力，是高速铁路车站站场设计必须考虑和解决的问题，是设计人员在高速铁路车站站场设计中应该追求的系统性最优目标。设计人员应在对高速铁路全线车站站场这一整个系统考量下来设计高速铁路全线每一个车站站场。

在高速铁路车站站场设计中，对车站的站场、综合维修车间（工区）等常依地势等情况进行设计，有关进路采用单组道岔、单渡线连接而成，且费用较高，这样，就容易产生哪里地势平坦、填挖方工作量小，就在哪里设置综合维修车间（工区）；哪里设置综合维修车间（工区）单渡线就连向哪里，高速铁路车站站场如此一个车站一个布设，将致使产生后述的非系统最优站型问题，即本站最优、系统不优问题。如图 1-3 所示：非系统最优站型图，因地势平坦，填挖方工作量小，*A* 站综合维修车间（工区）设 *a* 位置，*N* 站综合维修车间（工区）设 *n* 位置。

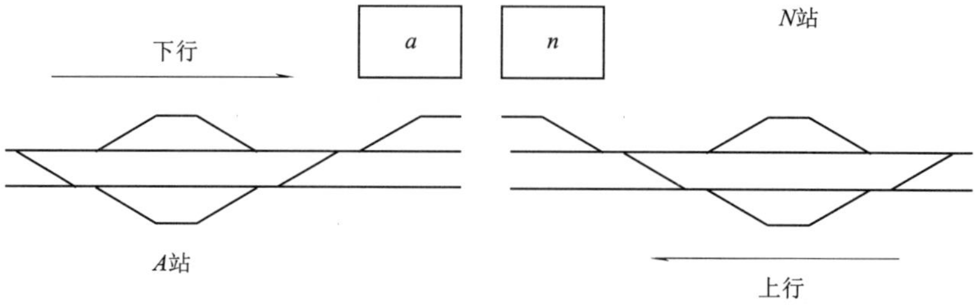

图 1-3　非系统最优站型图

正因为高速铁路车站站场设计不同于既有铁路车站站场设计，从而使高速铁路车站站场设计容易产生随意性，站型随意摆放，不能与相邻车站站场相互协同、相互补充；一个区段车站站场设计与相邻的另一区段车站站场设计不相沟通，各自设计，不相统一；以及设计中随意增加单渡线等问题。未从系统的观点设计各个车站站场，会致使高速铁路全线在正常情况下和非常情况下，不能发挥最大运输能力。在高速铁路车站站场设计中，应注意避免产生此类问题。

按照《高速铁路设计规范》有关规定，除始发站和有始发终到列车作业的中间站外，高速铁路其他车站两端咽喉宜各设一条单渡线组成八字渡线，八字渡线的朝向宜结合综合维修车间（工区）的位置确定。高速铁路某一车站八字渡线的朝向设置除应结合综合维修车间（工区）的位置，更应首先结合高速铁路全线各站八字渡线的朝向设置进行确定，做到系统统筹、系统设计，才能达到系统最优。

1.4　高速铁路车站站场设计优化方法

针对上述高速铁路车站站场设计等实际情况，需按系统的观点设计高速铁路各个车站站场。通过对高速铁路车站站场设计类型进行细致分析，根据高速铁路中间站一般一端咽喉设置一条单渡线、两端咽喉设置组成八字渡线的情况，把两个中间站及其之间的一个区间作为一个站场单元来比较选优，得出局部最优、次优站场单元类型和全线最优站场摆放类型；同时，通过对高速铁路车站站场单渡线设置进行细致分析，得出设置单渡线的最优设计原则。从而使高速铁路全线经济、适用地在正常情况下和非常情况下均具有最大运输能力，提高各种情况下的车站和区段运输能力。

1.5 高速铁路车站站场设计分析

高速铁路车站站场设计在一般情况下，在大站站场设计上，相对注重车站两端咽喉进路的灵活运用和股道到发能力的充分利用，始发站两端咽喉各设置两条单渡线组成八字渡线；有始发终到列车作业的中间站，其发车作业端咽喉设两条单渡线组成八字渡线，无发车作业端咽喉设置一条单渡线。但在小站站场设计上，便存在上面叙及的问题。为使高速铁路全线在正常情况下和非常情况下发挥最大运输能力，必须把两个中间站及其之间的一个区间作为一个站场单元来考虑，有关分析如下。

1.5.1 四种车站站场摆放类型分别分析

在假定小站上行方向（即左端）衔接大站并该大站两端咽喉进路运用灵活、两个小站之间区间正常而不反向行车的情况下，分析两小站一区间一端单方向正反接发列车情况。

1. 两个小站两端渡线均采用反“八”类型（图 1-4）。

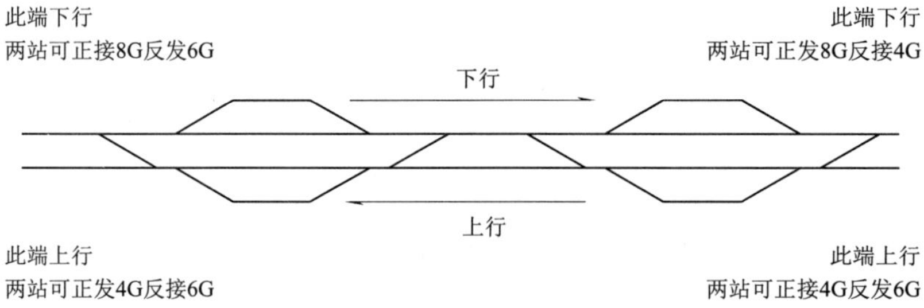

图 1-4　两个小站两端渡线均采用反“八”类型

由此可见，两个小站此型站场在正常情况下，下行方向可有 8G 正接正发，上行方向只有4G 正接正发；在非常情况下，下行方向只有4G 反接反发（取反接反发最小值），上行方向可有 6G 反接反发。说明两个小站此型站场在正常情况下，上下行接发列车能力严重不均衡；在非常情况下，上下行接发列车能力比较不均衡。

2. 两个小站两端渡线均采用正“八”类型（图 1-5）。

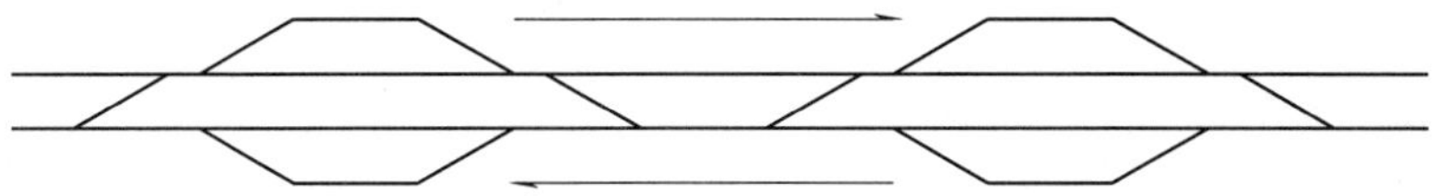

图 1-5　两个小站两端渡线均采用正“八”类型

由此可见，两个小站此型站场在正常情况下，下行方向只有 4G 正接正发，上行方向可有 8G 正接正发；在非常情况下，下行方向可有 6G 反接反发，上行方向只有 4G 反接反发（取反接反发最小值）。说明两个小站此型站场在正常情况下，上下行接发列车能力严重不均衡；在非常情况下，上下行接发列车能力比较不均衡。

3. 两个小站两端渡线第一个站采用反“八”、第二个站采用正“八”类型（图 1-6）。

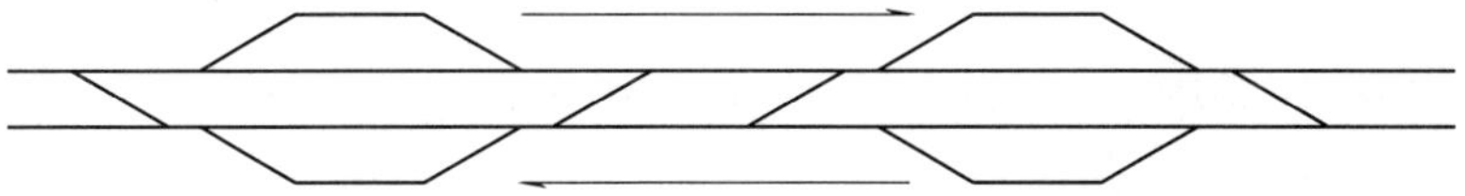

图 1-6　两个小站两端渡线第一个站采用反“八”、第二个站采用正“八”类型

由此可见，两个小站此型站场在正常情况下，下行方向可有6G正接正发，上行方向可有6G正接正发；在非常情况下，下行方向只有4G反接反发（取反接反发最小值），上行方向只有4G反接反发（取反接反发最小值）。说明两个小站此型站场在正常情况下，上下行接发列车能力均衡且充足；在非常情况下，上下行接发列车能力均衡。

4. 两个小站两端渡线第一个站采用正“八”、第二个站采用反“八”类型（图1-7）。

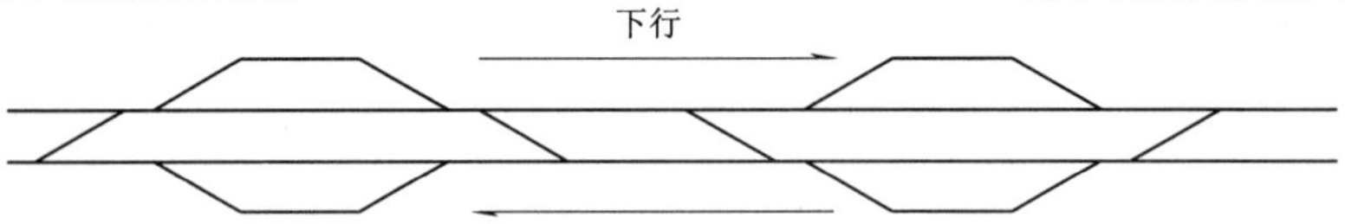

图1-7　两个小站两端渡线第一个站采用正“八”、第二个站采用反“八”类型

由此可见，两个小站此型站场在正常情况下，下行方向可有6G正接正发，上行方向可有6G正接正发；在非常情况下，下行方向只有4G反接反发（取反接反发最小值），上行方向只有4G反接反发（取反接反发最小值）。说明两个小站此型站场在正常情况下，上下行接发列车能力均衡且充足；在非常情况下，上下行接发列车能力均衡。

1.5.2　四种车站站场摆放类型综合分析

1. 比较1类型、2类型和3类型、4类型最优性。

因为1类型和2类型的两小站一区间上下行两个方向运输能力，在正常情况下极不均衡，一大（可有8G正接正发）一小（只有4G正接正发），相差一倍，降低了小能力方向运输能力，并因此会致使列车运行调整余地小，遇有车流波动等情况时可能影响全线畅通。在非常情况下，原正常情况的小能力方向可有 6G 反接反发，原正常情况的大能力方向只有 4G 反接反发，即在非常情况下大能力方向能力仍大、小能力方向能力仍小，不利于非常情况下行车组织。而 3 类型和 4 类型情况总体与 1 类型和 2 类型情况相反。3 类型和 4 类型的两小站一区间上下行两个方向运输能力，在正常情况下十分均衡，均可有 6G 正接正发，因高速铁路在绝大多数情况下是正常情况，且列车上下行成对运行，故在正常情况下，显然 3 类型和 4 类型比 1 类型和 2 类型优。而 3 类型和 4 类型的两小站一区间上下行两个方向运输能力，在非常情况下，均可有 4G 反接反发，虽比 1 类型和 2 类型的两小站一区间在非常情况下的原正常情况的小能力方向（即非常情况下的大能力方向）少 2G（6G－4G）反接反发，另一方向二者均可有 4G 反接反发即能力相同，但高速铁路在极少数情况下是非常情况，且均可有 4G 反接反发。因此，在非常情况下，3 类型和 4 类型的两小站一区间比 1 类型和 2 类型的两小站一区间对上下行两个方向运输能力的影响不会大多少。综上所述，考虑到高速铁路在绝大多数情况下是正常情况、极少数情况下是非常情况，且极少数情况下的非常情况持续时间短，因此，在车站站场摆放类型中，3 类型和 4 类型比 1 类型和 2 类型优。

2. 比较 3 类型与 4 类型最优性。

3 类型与 4 类型看似运输能力相同，但其实不同。

（1）在正常情况下，二者运输能力相同，两者均是下行方向可有 6G 正接正发，上行方向可有 6G 正接正发。但下行行车时，3 类型中左方站上下行场可有 4G 全场接车、右方站下行场可有 2G 接车，而 4 类型中左方站只有下行场 2G 接车、右方站上下行场可有 4G 全场接车，说明3类型比4类型更能快速消化下行波动车流；上行行车时，同样3类型比4类型更能快速消化上行波动车流。

（2）在非常情况下，二者运输能力不同：3类型在上行方向反接反发时，左方站可反接4G右方站可反发8G；在下行方向反接反发时，右方站可反接4G左方站可反发8G。而4类型在上行方向反接反发时，左方站可反接6G右方站可反发4G；在下行方向反接反发时，右方站可反接6G左方站可反发4G。3类型虽比4类型反接少（6G－4G，少2G），但3类型比4类型左方站、右方站向站场单元外车站反发能力更大（8G－4G，多4G）。3类型反接能力小反发能力大，使该类型在特殊情况下出口更畅，更利于对站内等积压列车进行迅速疏散；4类型反接能力大反发能力小，使该类型在特殊情况下出口不畅，不利于对站内等积压列车进行迅速疏散。

与此同时，当两个小站之间的一个区间因故中断时，若区间下行线中断，3类型与4类型均有4G能续行下行列车，但3类型比4类型可多有左方小站下行场2G能续存下行列车，故3类型比4类型优；若区间上行线中断，3类型与4类型均有4G能续行上行列车，但3类型比4类型可多有右方小站上行场2G能续存上行列车，故3类型比4类型优。

经过上述细致分析比较，可得在车站站场摆放类型中，3类型最优、4类型次优。

1.5.3 车站站场最优摆放类型

根据上述分析，为使高速铁路全线在正常情况下和非常情况下发挥最大运输能力，必须把3类型两个中间站一个区间作为一个站场单元来考虑，并从大站下行一端衔接的此类型一个站场单元开始，一个站场单元衔接一个站场单元，直至下一个大站（此时会有站场单元被分拆情况，站场单元可分拆与下一个大站衔接）。当然，一个站场单元与下一个站场单元之间会是 4 类型的情况，但因上面 1.5.2 中 2. 已叙及原因，最优站场摆放类型仍为此 3 类型。

结合上述分析情况，在两个或多个 3 类型站场单元组合情况下，有关运输能力分析如下（图 1-8）。

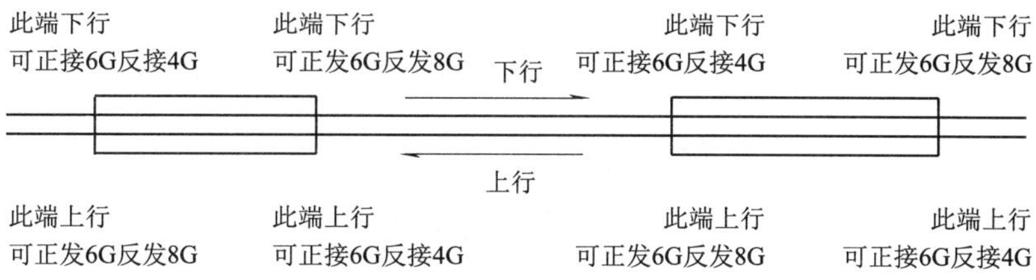

图 1-8　两个 3 类型站场单元组合情况

由此可得：在两个或多个 3 类型站场单元组合情况下，按照把各种接发列车情况数量叠加的方法并以最少列车流量计算，在正常情况下上行、下行方向分别可正接 6G 正发 6G；在非常情况下上行、下行方向分别可反接 4G 反发 8G；在正常情况和非常情况下上行、下行方向分别可正接反接 10G 正发反发 10G（取正接反接与正发反发最小值）。

1.6　高速铁路车站站场渡线设计分析

1.6.1　最优 3 类型右方、左方小站两端分别单独增加反向渡线对增加站场单元运输能力情况分析

为使进路灵活，在最优 3 类型右方、左方小站两端分别单独增加反

向渡线，对增加站场单元运输能力情况分析如下：

1. 右方小站左端增加反向渡线对增加站场单元运输能力情况分析（图 1-9）。

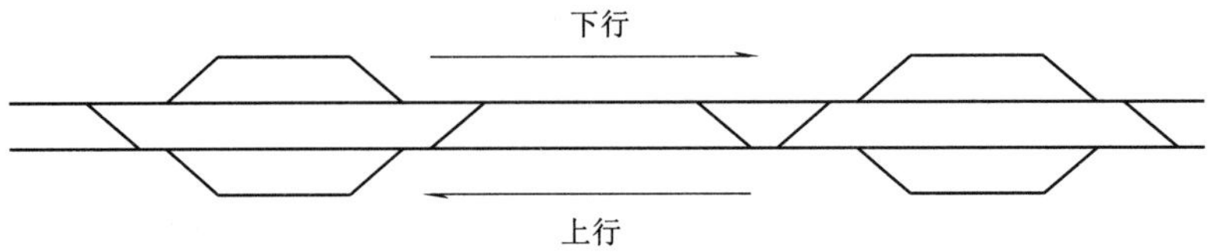

图 1-9　右方小站左端增加反向渡线情况

右方小站左端增加此反向渡线后，它对右方小站正常情况下接发列车能力没有提高（上行场 2G 虽可反接下行列车但正发不了下行列车），只对右方小站非常情况下左端反发能力有所提高（增加了上行场 2G 经下行正线反发上行列车能力），说明此反向渡线增加后对增加站场单元运输能力作用不大。因此，考虑到使用的频繁度、工程的经济性等因素，此反向渡线不必增加。

2. 右方小站右端增加反向渡线对增加站场单元运输能力情况分析（图 1-10）。

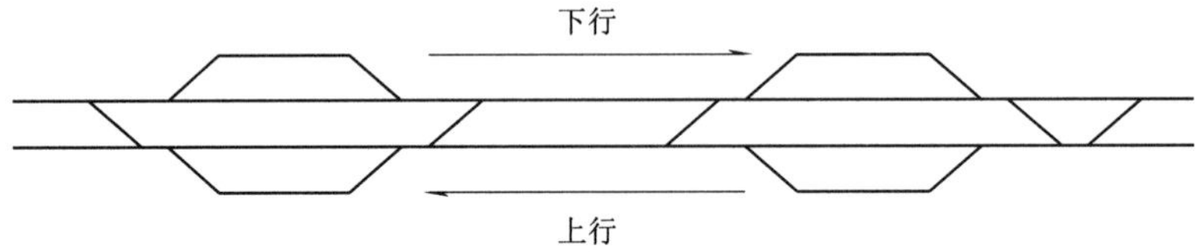

图 1-10　右方小站右端增加反向渡线情况

右方小站右端增加此反向渡线后，它对右方小站正常情况下接发列车能力没有提高（上行场 2G 虽可正发下行列车但反接不了下行列车），只对右方小站非常情况下右端反接能力有所提高（增加了上行场 2G 经下行正线反接上行列车能力），说明此反向渡线增加后对增加站场单元运输能力作用不大。因此，考虑到使用的频繁度、工程的经济性等因素，此反向渡线不必增加。

3. 左方小站左端增加反向渡线对增加站场单元运输能力情况分析（图 1-11）。

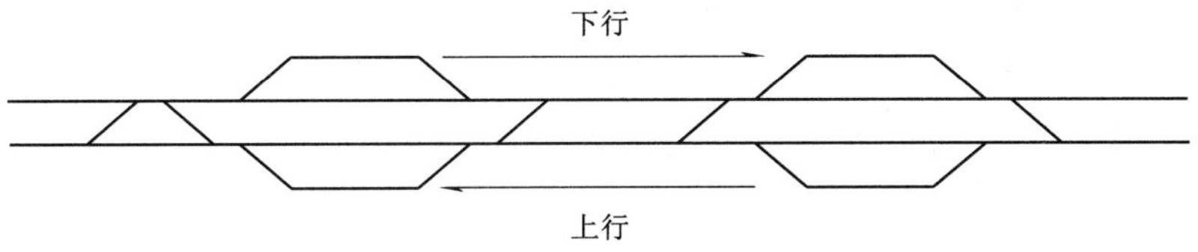

图 1-11　左方小站左端增加反向渡线情况

左方小站左端增加此反向渡线后，它对左方小站正常情况下接发列车能力没有提高（下行场 2G 虽可正发上行列车但反接不了上行列车），只对左方小站非常情况下左端反接能力有所提高（增加了下行场 2G 经上行正线反接下行列车能力），说明此反向渡线增加后对增加站场单元运输能力作用不大。因此，考虑到使用的频繁度、工程的经济性等因素，此反向渡线不必增加。

4. 左方小站右端增加反向渡线对增加站场单元运输能力情况分析（图 1-12）。

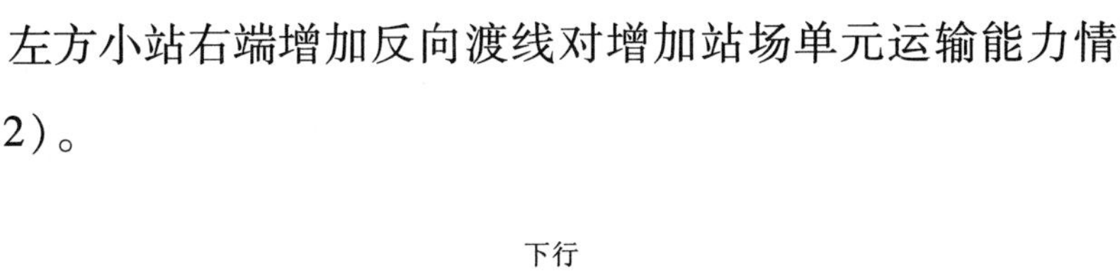

图 1-12　左方小站右端增加反向渡线情况

左方小站右端增加此反向渡线后，它对左方小站正常情况下接发列车能力没有提高（下行场 2G 虽可反接上行列车但正发不了上行列车），只对左方小站非常情况下右端反发能力有所提高（增加了下行场2G经上行正线反发下行列车能力），说明此反向渡线增加后对增加站场单元运输能力作用不大。因此，考虑到使用的频繁度、工程的经济性等因素，此反向渡线不必增加。

综上分析，在最优3类型右方、左方小站两端分别单独增加反向渡线，对增加站场单元运输能力作用不大，考虑到使用的频繁度、工程的经济性等因素，此单独反向渡线不必增加。

1.6.2 最优3类型右方、左方小站两端分别同时增加反向渡线对增加站场单元运输能力情况分析

为使进路灵活，在最优3类型右方、左方小站两端分别同时增加反向渡线，对增加站场单元运输能力情况分析如下：

1. 右方小站两端同时增加反向渡线对增加站场单元运输能力情况分析（图1-13）。

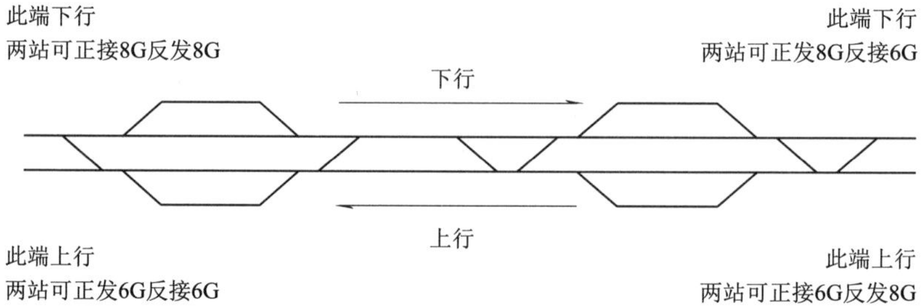

图1-13　右方小站两端同时增加反向渡线情况

按照把各种接发列车情况数量叠加的方法，考虑到相邻站场单元运输能力情况，应以最少列车流量计算，在正常情况下上行方向可正接6G正发6G、下行方向可正接8G正发8G；在非常情况下上行方向可反接6G反发8G、下行方向可反接6G反发8G；在正常情况和非常情况下

上行方向可正接反接 12G 正发反发 12G（取正接反接与正发反发最小值）、下行方向可正接反接 14G 正发反发 14G（取正接反接与正发反发最小值）。

与上面 1. 5. 3 车站站场最优摆放类型的分析进行比较，右方小站两端同时增加反向渡线后比两端同时不增加反向渡线，站场单元在正常情况下上行方向正接正发运输能力未变（仍为 6G），仅下行方向可增加正接正发运输能力 2G（8G – 6G）；在正常情况和非常情况下，上行方向可增加正接反接后的正发反发运输能力 2G（12G – 10G，其实际为反接反发由 4G 变为 6G 增加 2G）、下行方向可增加正接反接后的正发反发运输能力 4G（14G – 10G，其实际为正接正发由 6G 变为 8G 增加 2G、反接反发由 4G 变为 6G 增加 2G）。

以上说明右方小站两端同时增加反向渡线，在正常情况下对站场单元增加正接正发运输能力作用不大（只是下行方向正接正发由 6G 变为 8G 增加 2G），因高速铁路在绝大多数情况下是正常情况，且列车上下行成对运行，上行方向正接正发运输能力仍为 6G，故在正常情况下上行方向、下行方向正接正发运输能力实际仍均分别为 6G；在正常情况和非常情况下对站场单元上行方向增加正接反接后的正发反发运输能力作用不大（只是反接反发由 4G 变为 6G 增加 2G）、对站场单元下行方向增加正接反接后的正发反发运输能力作用不大（只是反接反发由 4G 变为 6G 增加 2G，正接正发由 6G 变为 8G 增加 2G），因考虑到高速铁路在绝大多数情况下是正常情况、极少数情况下是非常情况，且极少数情况下的非常情况持续时间短，故上行方向、下行方向反接反发运输能力分别由 4G 变为 6G 增加 2G，作用不大。因此，右方小站两端不需要同时增加反向渡线。

2. 左方小站两端同时增加反向渡线对增加站场单元运输能力情况分析（图1-14）。

按照把各种接发列车情况数量叠加的方法，考虑到相邻站场单元运输能力情况，应以最少列车流量计算，在正常情况下上行方向可正接8G正发8G、下行方向可正接6G正发6G；在非常情况下上行方向可反接6G反发8G、下行方向可反接6G反发8G；在正常情况和非常情况下上行方向可正接反接14G正发反发14G（取正接反接与正发反发最小值）、下行方向可正接反接12G正发反发12G（取正接反接与正发反发最小值）。

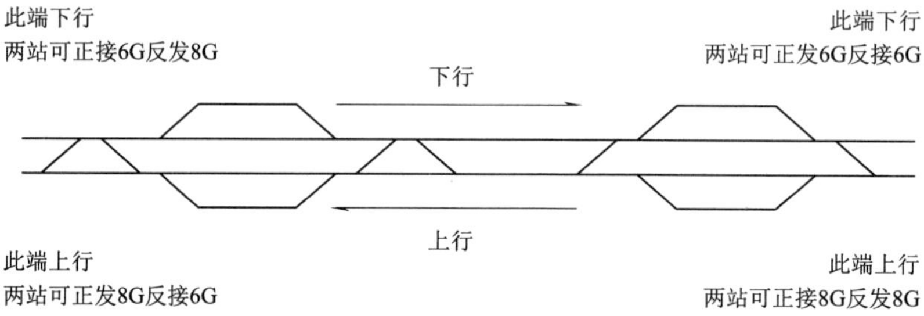

图1-14　左方小站两端同时增加反向渡线情况

与上面1.5.3车站站场最优摆放类型的分析进行比较，左方小站两端同时增加反向渡线后比两端同时不增加反向渡线，站场单元在正常情况下下行方向正接正发运输能力未变（仍为6G），仅上行方向可增加正接正发运输能力2G（8G－6G）；在正常情况和非常情况下，下行方向可增加正接反接后的正发反发输送能力2G（12G－10G，其实际为反接反发由4G变为6G增加2G）、上行方向可增加正接反接后的正发反发输送能力4G（14G－10G，其实际为正接正发由6G变为8G增加2G、反接反发由4G变为6G增加2G）。

以上说明左方小站两端同时增加反向渡线，在正常情况下对站场单元增加正接正发运输能力作用不大（只是上行方向正接正发由 6G 变为 8G 增加 2G），因高速铁路在绝大多数情况下是正常情况，且列车上下行成对运行，下行方向正接正发运输能力仍为 6G，故在正常情况下上行方向、下行方向正接正发运输能力实际仍均分别为 6G；在正常情况和非常情况下对站场单元下行方向增加正接反接后的正发反发运输能力作用不大（只是反接反发由 4G 变为 6G 增加 2G）、对站场单元上行方向增加正接反接后的正发反发运输能力作用不大（只是反接反发由 4G 变为 6G 增加 2G，正接正发由 6G 变为 8G 增加 2G），因考虑到高速铁路在绝大多数情况下是正常情况、极少数情况下是非常情况，且极少数情况下的非常情况持续时间短，故上行方向、下行方向反接反发运输能力分别由 4G 变为 6G 增加 2G，作用不大。因此，左方小站两端不需要同时增加反向渡线。

但考虑到每个客运大站到发线数量多，为使每个客运大站和区段有效增加接发列车的灵活性和充分利用站场股道到发能力，提高全线非常情况下的冗余水平和应急能力，每个客运大站两端咽喉在条件许可的情况下，每端咽喉需布设正向、反向渡线各一条组成八字渡线，以使本站和区段有效增加接发列车的灵活性和充分利用站场股道到发能力，使各个车站站场相互协同、相互补充，在正常情况和非常情况下，使高速铁路全线具有最大运输能力。

1.7　高速铁路车站站场设计优化结论

综合以上分析，在考虑节约工程投资、适应各种运营条件的情况下，为使高速铁路全线在正常情况和非常情况下具有最大运输能力，必须把3类型两个中间站一个区间作为一个站场单元来考虑，并从客运大站下行一端衔接的此类型一个站场单元（两个小站两端渡线第一个站采用反“八”、第二个站采用正“八”类型）开始，一个站场单元衔接一个站场单元，直至下一个客运大站；也可从客运大站上行一端衔接的此类型一个站场单元（两个小站两端渡线第一个站采用正“八”、第二个站采用反“八”类型）开始，一个站场单元衔接一个站场单元，直至上一个客运大站。每个客运大站两端咽喉在条件许可的情况下，每端咽喉需布设正向、反向渡线各一条组成八字渡线；中间小站不需两端分别单独增加和两端同时增加反向渡线（有始发终到列车作业的中间站，其发车作业端咽喉应设两条单渡线组成八字渡线，无发车作业端咽喉宜设置一条单渡线）。只有这样进行高速铁路车站站场设计，才能使高速铁路在正常情况和非常情况下，经济、适用地使全线具有最大运输能力，提高各种情况下的车站和区段运输能力。

1.8 高速铁路车站站场设计优化结论运用

高速铁路车站站场设计时，应在客运大站两端分别各设八字渡线，中间小站两端分别各设一条单渡线全站组成一个八字渡线，在各个中间小站组成的正反八字渡线的布置上需要按以上高速铁路车站站场设计优化研究结论，即从客运大站下行一端衔接的第一个中间小站两端渡线采用反“八”、第二个中间小站两端渡线采用正“八”、第三个中间小站两端渡线采用反“八”、第四个中间小站两端渡线采用正“八”、……，以此类推，采用最优3类型站场单元组合进行最优化布置；或从客运大站上行一端衔接的第一个中间小站两端渡线采用正“八”、第二个中间小站两端渡线采用反“八”、第三个中间小站两端渡线采用正“八”、第四个中间小站两端渡线采用反“八”、……，以此类推，采用最优 3 类型站场单元组合进行最优化布置，以使高速铁路全线车站在正常情况和非常情况下上下行可供接发列车的股道数量达到相对均衡，提高高速铁路运输能力，便于高速铁路列车运行日常组织工作。

1.8.1　对高速铁路车站站场设计进行系统优化示例一

1. 某条高速铁路部分区段车站站场设计情况一（图 1-15）。

A、*B*、*C*、*D* 站为某条高速铁路部分区段依次顺序排列的客运车站，*A* 为大站，*B*、*C*、*D* 为小站。

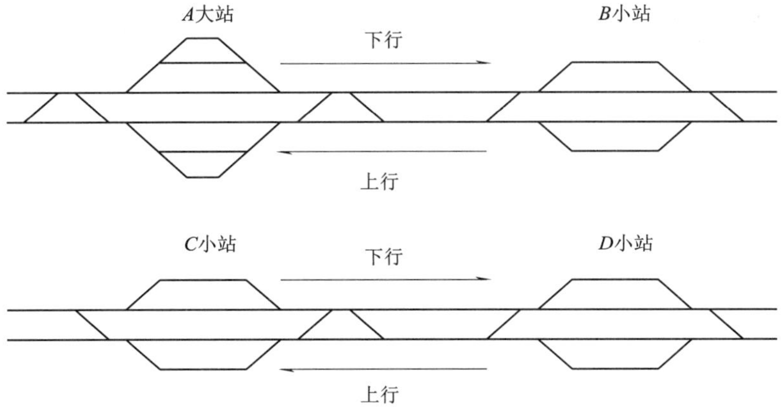

图 1-15　某条高速铁路部分区段车站站场设计情况一

2. 某条高速铁路部分区段车站站场设计系统优化情况一（图 1-16）。

按照高速铁路车站站场设计优化研究结论，该高速铁路此区段 *B* 小站两端渡线应采用反“八”类型、*C* 小站两端渡线应采用正“八”类型并取消该站下行一端多余的一条单渡线、*D* 小站两端渡线应采用反“八”类型。有关综合维修车间（工区）设置位置，应与有关车站两端渡线设置情况相结合。

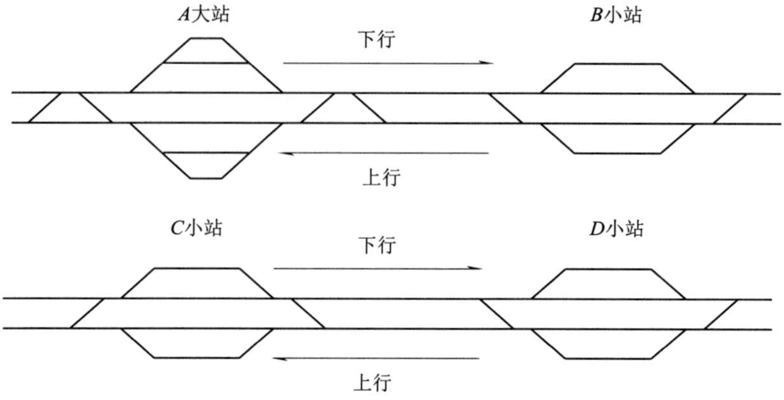

图 1-16　某条高速铁路部分区段车站站场设计系统优化情况一

1.8.2　对高速铁路车站站场设计进行系统优化示例二

1. 某条高速铁路部分区段车站站场设计情况二（图 1-17）。

A、*B*、*C*、*D* 站为某条高速铁路部分区段依次顺序排列的客运车站，*A* 为大站，*B*、*C*、*D* 为小站。

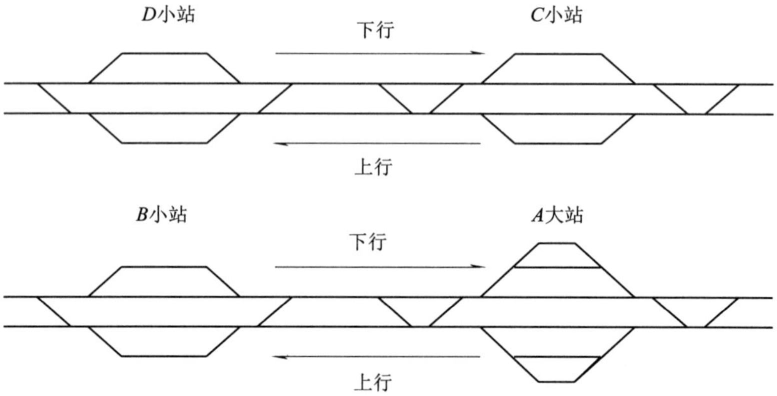

图 1-17　某条高速铁路部分区段车站站场设计情况二

2. 某条高速铁路部分区段车站站场设计系统优化情况二（图 1-18）。

按照高速铁路车站站场设计优化研究结论，该高速铁路此区段 *B*

小站两端渡线应采用正“八”类型、*C* 小站两端渡线应采用反“八”类型并取消该站上行、下行两端多余的各一条单渡线、*D* 小站两端渡线应采用正“八”类型。有关综合维修车间（工区）设置位置，应与有关车站两端渡线设置情况相结合。

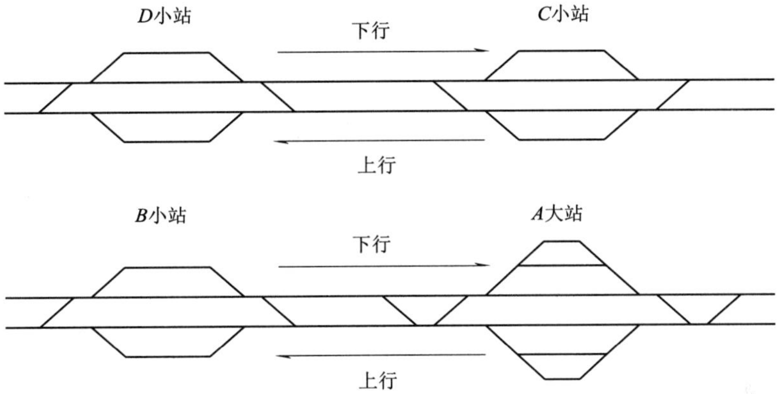

图 1-18　某条高速铁路部分区段车站站场设计系统优化情况二

第 2 章　高速铁路建筑运营设计优化

2.1　高速铁路建筑设计的定位

高速铁路建筑是当地文化的展现平台，是所在地区的形象窗口，优美的高速铁路建筑一定会成为当地让人心旷神怡的场所和赏心悦目的风景，并将成为其永久的文明历史。因此，在高速铁路建筑设计中，需要注重掌握、理解当地情况，以合适的建筑设计理念，运用合适的材料和方法，进行高速铁路建筑设计和精细施工，努力使高速铁路建筑真正成为经得起社会、历史、运营全方位、长时间检验的完美建筑作品。

2.1.1　高速铁路建筑设计理念的确定

设计理念是设计者在空间作品构思过程中所确立的主导思想，它赋予作品文化内涵和风格特点，是作品设计的精髓所在，使作品具有个性化、专业化等效果。高速铁路建筑设计者在高速铁路建筑空间作品构思过程中，一定要把用户需求和设计场景研究透彻，使现场真正的需求和计划设想的情况一致，并应注重遵循、运用以下建筑设计的基本认识、基本规律，正确确立高速铁路建筑空间作品的主导思想即高速铁路建筑设计理念。

1. 建筑是什么？

建筑是装载人类生活的器皿，建筑是有生命的，建筑不仅是造就空间，满足功能需要，还应满足人的精神需要。建筑包含的内容很多，既包括形态、空间、结构、功能、材料、构造、设备、消防、装饰、市政、交通、造景等直接相关的硬性内容，还包括历史、文化、思想、哲学、艺术等深层相关的软性内容，是各种因素综合而成，但软性内容对建筑具有极大提升作用。因地制宜地把当地自然的、文化的、时代的因素融进建筑，运用技术（设计和构造）与光线、空气、材料、空间、形态等物理因素进行有机结合，才能成就完美建筑。

建筑绝不是造房子，否则，那只能是建筑物。有些建筑物只能说是一个大的建筑体块，是建筑材料的组合，建筑物外部成为各种形态的展现，而建筑物内部成为仅供人们使用的空间，不能不说这是建筑的败笔。

2. 建筑怎么做？

建筑不仅要牢固可靠、具有功能、使人舒适，建筑还是艺术、文化、生命。所有建筑结实可靠、实用舒适，是应该和必须实现的；但在满足安全性、功能性等同时，还要使建筑具有艺术价值、文化价值、精神价值，使其生命风姿多彩，而不能枯燥无味。对于建筑，人、安全、功能、美观、环境、文化、艺术等要素都很重要，相对强调哪个或哪些因素，取决于建筑设计者对该建筑的理解、对细节和技术的把控、对环境的掌握、对文化的汲取和建筑设计者的水平、风格、方法等，建筑设计对于文化的传承和保护应该是对文化的一种内化、蕴含和提升，而不是将文化符号进行简单复制。

现实中有多少建筑只考虑安全、功能、经济，而忽视建筑的艺术价值、文化价值、精神价值和生活的真正价值。这些现象值得建筑设计等人员反思，并应注重在今后的建筑设计中认真加以改进、提高。

3. 建筑技术与艺术。

建筑既是技术结晶又是艺术作品，技术和艺术在很多时候是相对等同的概念，建筑设计者应善于将两者相互统一，协调融合。应通过技术创造艺术，做到建筑实用并具有建筑艺术；应通过艺术蕴含技术，因为建筑是实用艺术，建筑需高超技术。建筑设计者在建筑设计时，应通过建筑技术与艺术使建筑满足人的身心需求。

4. 建筑设计与构造。

建筑构造就是建筑构件怎么做？为什么这样做。具有功能性、美观性、可施工性、易维护性的完美的建筑构造产生完美的建筑作品，建筑设计和建筑构造是有机整体，不可分割，建筑构造未做好的建筑一定不是好建筑，也一定是建筑设计的败笔。

5. 建筑关系与处理。

美国近代建筑大师弗兰克·劳埃德·赖特（1867 年出生）所倡导和实践的有机建筑，就是通过建筑和场地的和谐融合，在自然秩序中呈现出建筑的结构和形态，创造出具有精神和适用生活的空间。只有按照大自然固有逻辑，设计适合建筑场地的、具有几何学建筑抽象性和空间上建筑具象性以及具有文化、艺术、精神的合适建筑、完美建筑，才是建筑设计的真谛。处理好建筑与周边场地、环境的关系需要：

（1）建筑设计者需重视要建成建筑的场地，努力设计融合场地和周围环境等因素的建筑，做到建筑与场地和周围环境有机结合，使自然、建筑、人相互协调、相互促进，而非相互影响。

（2）建筑场地经常会受到已有环境的影响，建筑相当于立体填空，建筑设计者需努力通过因地制宜设计建筑抽象的几何形态，使自然融入建筑之中、建筑融入自然之中，使建筑存在自然之中、自然又是建筑延伸，并使建筑起到应有作用和成为此处风景，建筑内部可以感受自然风景的延续，二者浑然一体、交相辉映、相得益彰。

（3）建筑设计应注重处理建筑与周边环境之间的和谐关系，可采用屋顶曲线与倾斜草坪地势相协调、建筑与建筑周边地面图案相协调、建筑下部下沉到地面以下降低建筑高度以减少较高顶棚高度产生的负重感等方法进行处理。

（4）建筑设计与城市、农村、自然关系密切，完美建筑无论在白天还是夜晚，无论在平原还是山地，都能凸显城市、农村、自然的文化、形象和风采。因此，建筑设计应综合考虑场地、历史、文化情况，正确处理与周围、自然的关系，不是同化于周围、自然，而是与周围、自然既协调又对比，以取得最好的建筑效果。建筑设计者应尊重自然，建筑不可过度，防止造成浪费和破坏环境，努力做到自然与人、城市、农村、建筑和谐共存，在不破坏环境的前提下，充分把握场地的环境条件进行建筑设计，使建筑与环境和谐、与当地建筑风格一致。

6. 建筑几何学运用。

（1）建筑外部勾勒出来的水平线条和垂直线条作用不同，水平线条是给人带来安全、自由的线条，垂直线条是给人带来挺拔感、力度感的线条。例如，柱体、墙体强调的是垂直性（线条），屋顶、窗台强调的是水平性（线条）。

（2）把从自然中提取的元素，通过几何学的图形组成和水平面进行定形，几何学的图形组成给人以立体感；而与地面平行的水平面则将建筑融入到地面中、融合到场地中，给人以安全感、自由感。

（3）对略有倾斜的场地地貌，建筑一层可采用清水混凝土顺势吸收这种倾斜地势。

（4）在现代建筑设计中，通过几何学的明快感，可使清水混凝土与外露式钢结构等很好结合，清水混凝土的坚固感与外露式钢结构、玻璃、铝合金板等的轻质感得到和谐搭配。

7. 建筑本身的气候。

无论是公共设施还是民用住宅，建筑本身的形态、空间、布局都应有利于建筑本身气候的形成，设计好风、光流线，形成建筑本身气候的内部空间。建筑庭院、屋顶平台等向天空敞开的空间既有使用价值、又具精神意义，可调节气候、光线、视野，提供休息空间等。

8. 建筑材料的使用。

优秀建筑设计者应该是建筑材料的优秀组织者、使用者，建筑材料使用除应考虑功能、经济，还应展现材料美感和生命气息。其实，每一种建筑材料都是好的、都是美的、都是活的，关键在于设计者如何恰如其分、物尽其用地使用好。

9. 建筑细部的完成。

建筑细部问题就是建筑整体的瑕疵，就是建筑的问题。建筑不仅应注重造型和表现力，还要通过透着细腻等每一处细节的细致细部，让人感受到建筑的美感。由每个精美细部协调、有机构成的整体，一定超越普通的、粗制的单个细部之和，如果建筑物是 $1+1=2$，那么建筑则是 $1+1=n$，$n\geqslant3$。例如：设计并制作精美的楼梯栏杆；各种通风孔、灯具、开关等，通过设置在中间位置、对称位置或等距离位置，使建筑的每一个细部都一致呈现出精细、精美作品的个性等。

10. 设计概念的贯彻。

建筑不应只追求建筑物的形态和表面，建筑应在设计概念指引下进行设计，设计概念应贯穿从建筑整体设计到建筑细部设计，即应确保整体设计概念贯穿整个设计过程，在整体设计概念指引下做好建筑细部，使建筑细部与建筑整体协调，蕴含建筑生命力，实现建筑的艺术价值和对社会的贡献。

11. 完美建筑的建造。

建筑与本地情况相互关联、蕴含所处区域环境，应追求建筑空间形态、充分运用材料质感、恰如其分构筑细部，应通过做好本地情况——区域环境——空间形态——材料质感——细部构筑等系列工作掌控而建造起来。完美建筑需要由很好表现文化的形态和空间、科学合理的功能与结构、具有美感的比例与细部、具有品味的控制与使用、以美学意识为基础的工匠精神来成就。

在台湾的琉璃工房，设计中有一丁点儿缺陷或制作中有一丁点儿杂质的琉璃作品，无论作品花费了多少时间、付出了多少辛苦，还是其他部分有多么完美；无论作品体量大，还是体量小；无论作品制作难，还是制作易；……；只要琉璃作品有瑕疵都会在质检时被砸掉，因为琉璃工房要为琉璃作品的历史负责、要为琉璃工房的历史负责。举一反三，触类旁通，这种匠心文化也值得建筑设计者、建造者去感悟和践行。专注做一种东西，坚持对品质的追求，把工作做专做精，并不断精进到极致，建筑设计者、建造者应该秉承这种匠心文化，精心、精细做好设计、做好施工。同时，建筑设计者、建造者应做好施工过程中的协作，处理好设计图纸、构造节点未反映的细部构造做法。

12. 建筑设计者素养。

建筑设计者应具有理论者的理性和艺术者的感性，建筑设计者感受自然的能力、理解文化的深度、掌握现状的水平、预测未来的智慧，充分认知场地条件、材料物性、比例美感、空间功能、形态内涵以及思考建筑时间的长短、懂得建筑哲学的多少等，都深层次影响着建筑设计。

建筑设计构思应顺其自然，该平滑的平滑，该折断的折断，熟练而精心地完成看似简单实则复杂的建筑设计构思。建筑设计者应该明白建筑设计既不是追求多种建筑外观的游戏和竞技，也不是流于形式和工艺的炫技。要回归到建筑的最本真即实用和美观，使建筑能够适合所有人，基本的几何形状、基本的材料使用、基本的技术方法仍能创造非凡的建筑。并应善于把完美比例、完美细部、完美形态、完美装饰（完美装饰会对建筑空间起到画龙点睛、锦上添花作用，使建筑空间不会成为索然无味的空间）等融入整个建筑设计中，只有在几何抽象上比例恰当、组合优美，并科学利用光线（明暗）、色彩、材料、对比等手法，使建筑达到氛围协调、满足功能、细部精美、充满文化，才会使建筑在空间具象上成为理性与感性完美结合的完美建筑。

总而言之，建筑的实用和美观是建筑设计的主要追求，建筑是一面镜子，表现那个地方、那个时代等思想和文化；建筑是一个器皿，装载着人们的活动和历史；建筑设计应在和谐、创造中把握时代潮流、遵循建筑哲学、成就完美作品。要防止仿造、复制既有建筑和既有景观的问题，仿造、复制只能是形似而神不是，建筑的历史灵魂、文化底蕴、精神内涵等是无法仿造、复制的，中国各地具有深远的建筑文化，需要建筑设计者不断学习、掌握、研究、继承和发展。高速铁路建筑设计应注重遵循好、运用好建筑的基本认识、基本规律以及新的认识、新的规律，应符合有关规范等规定，但不应拘泥于规定，应追求科学、艺术、文化。

2.1.2 高速铁路建筑设计的认识、规律与发展

高速铁路建筑是建筑的一部分，对建筑的基本认识和建筑的基本规

律同样适用于高速铁路建筑，在进行高速铁路建筑设计时，需掌握好、遵循好、运用好这些建筑的基本认识和基本规律；同时，应因地制宜、实事求是地不断进行创新，不断形成高速铁路建筑设计的新的认识、新的规律，并不断加以运用，使高速铁路建筑设计不断向前发展。只有通过遵循运用规律、不断创新发展，才能使高速铁路建筑不断成为与时俱进的完美建筑作品。

2.2　高速铁路车站建筑等设计总体要求

高速铁路车站建筑设计除应符合《铁路旅客车站建筑设计规范》等相关标准的规定外，还应符合《高速铁路设计规范》等规定，车站建筑应遵循安全、便捷、舒适、高效的原则，并符合下列规定：

1. 总体布局应与城市规划整体协调，并宜考虑对铁路站场及毗邻地区特定范围内的土地实施综合开发的需求，集约利用土地资源。

2. 车站建筑设计应与站区内其他交通设施协调布局，有机衔接。大型、特大型车站应提升枢纽的一体化水平，突出对外交通与城市公共交通之间的优先换乘，构建便捷、安全、高效的综合交通枢纽。

3. 车站建筑规模宜根据客流需求、站场规模、规划用地、与其他交通设施衔接方式以及综合开发需求等因素综合确定。其中不同交通方式间换乘和疏解所需的空间和为旅客服务的商业空间应考虑充分，初期不能一次建成的应留有发展余地。

4. 车站建筑设计标准宜根据车站类型、规模以及不同空间的功能要求和运营养护成本等因素确定，并注重提高性价比。

5. 车站建筑应根据站场和周边环境情况，经技术经济比选后采用技术先进、工艺成熟、安全稳妥、可实施性好的结构方案。

6. 车站建筑宜体现地域特征、民族特色和时代风貌，并应注重城市、地域文脉的延续。

7. 车站建筑设计应采取节地、节能、节水、节材和保护环境措施。

8. 综合维修车间（工区）等房屋建筑等位置选择、建设应靠地界边缘，为将来增设房屋建筑等预留好空间，并注意做好建筑造型、群落协调等设计处理。

2.3 高速铁路车站站房等建筑设计

2.3.1 高速铁路车站站房建筑设计的原则

高速铁路车站站房建筑设计应充分考虑、统筹建筑功能、造型、色彩、材料、构造、工艺、技术等各个方面，满足高速铁路车站站房建筑设计的有关原则要求。

1. 功能性。主要是指高速铁路车站站房建筑涉及旅客出行的主要功能、涉及旅客服务的辅助功能以及涉及运营、发展的工作功能等功能应齐全完备，适用可靠，满足现在运营和将来发展需要。

2. 系统性。主要是指高速铁路车站站房建筑从专业到综合、从局部到整体、从硬件到软件、从技术到管理、从设计到工程、从工作流程到设备设施、从功能布局到艺术文化等自身和相互之间，都应系统统筹、系统设计、系统实施。

3. 先进性。主要是指高速铁路车站站房建筑设计理念、工作流程、设备设施、技术采用、功能设置、节能环保等，都应先进、适用、可靠，实现安全高效、资源节约和环境友好。

4. 文化性。主要是指高速铁路车站站房建筑造型、建筑图案、建筑线条、建筑色彩、光线效果、对比度、建筑布局、建筑装饰、建筑细节等建筑语言所蕴含和表达的文化。高速铁路车站站房建筑不仅是设计单位的产品，而应是设计者的完美作品，更应是完美的文化艺术品。

5. 经济性。主要是指高速铁路车站站房建筑建设投资的经济合理、运营过程的经济合理，以及现在与将来的建设投资是否经济合理、运营过程是否经济合理的经济分析比较后的方案选择。

6. 科学性。主要是指高速铁路车站站房建筑应设计科学、布局合理、统筹全面、相互协调，满足可持续发展要求。

2.3.2　高速铁路车站站房建筑规模

在高速铁路车站站房建筑设计中，按照《高速铁路设计规范》规定，站房规模应根据高峰小时发送量和最高聚集人数等综合确定。通过设施的规模应按高峰小时发送量计算确定，等候设施的规模应按最高聚集人数计算确定。中型、小型车站的站房建筑面积应按高峰小时发送量 3 m^2/人～4 m^2/人计算确定；大型、特大型车站的站房建筑面积宜综合考虑客流需求、站场规模、站房形式、与城市交通的换乘条件等多种因素确定。

在高速铁路车站站房建筑设计时，除应符合有关设计规范等要求，还必须注意到，站房规模与旅客发送量、动车组列车开行时段、动车组列车开行方向及到开区段、动车组列车开行密度（发送能力）等因素密切相关，而前期预测运量常存在不确定性，且动车组列车开行时段、动车组列车开行方向及到开区段、动车组列车开行密度（发送能力）等也存在不确定性，以及经济、文化、社会等发展和人们思维、习惯等变化，为避免旅客发送量未接近或未达到预测运量而站房空间已接近饱和或达到饱和的情况，以及站房建成后站房空间很快达到饱和等情况发生，避免高速铁路车站站房重复建设，切实满足现在运营需要和将来发展需要，高速铁路车站站房建筑规模的确定和有关设计确需考虑诸多不确定性因素，均应具有科学的前瞻性、合理的超前性。但绝不是盲目、随意扩大高速铁路车站站房建筑规模，应有充分依据和充足理由。

2.3.3 高速铁路车站站房流线设计和功能布局

按照《高速铁路设计规范》规定，高速铁路车站建筑物的总体布局应与城市规划整体协调，注重与城市其他交通方式在功能布局、流线设置上的衔接；站房内部流线应与站外交通流线相互衔接，且与通行能力相匹配。同时，车站内的标志引导系统应与站外标志引导系统相衔接。

高速铁路车站站房平面布局、空间布局主要是围绕旅客购票、候车、进站、上车、下车、出站而进行的，布局应主次分明，以流为主，快进快出，便于运输。站房按功能可分为公共区、设备区和办公区，公共区应由候车、集散、售票、公共通道和商业服务等功能区域组成，也可根据需要设置行包功能区。旅客进出站流线设计应清晰明确、通畅无障碍，应保证旅客购票、候车、进站、上车、下车、出站流线顺畅合理、流程最短、通道宽畅，尤其应使旅客购票、候车、进站、上车流线最短，进站流线中宜设置不经候车流程的便捷通道（绿色通道），并避免对流、聚集和减少交叉等情况发生，确保车站流线、布局及相关设备设施设置、配置的合理性。如：高速铁路车站售票厅与出站口应分别设置在高速铁路车站站房两侧，以避免人员过于集中聚集等；同时，应避免站房内随意设置的售票处所可能会扰乱其他人群和有关流线等问题发生。

高速铁路车站站房设计应最大限度地提高建筑的使用面积；站房主要公共区应空间开敞、通透，空间高度应根据建筑节能、维修保养等因素综合确定，并提高空间的利用率。高速铁路车站站房设计应按照尽量把平面、空间留给旅客的原则，站房内最大、最多、最好的平面、空间应布置供旅客使用，站房中任何房屋应结合柱位集约设置，并通过科学的结构设计等，为高速铁路车站运营以后站房平面、空间用途的灵活调整和灵活使用创造基本条件。并应根据客流特点设置旅客服务商业设施，注重商业平面、空间的设计以及水、电等配套条件的设计，以满足高速铁路车站运营后旅客服务商业需要。

2.3.4　高速铁路车站站房建筑等细节设计

1. 高速铁路车站通道设计。

高速铁路车站如设有上下两层候车厅，如直接连通基本站台的候车厅只负责承担停靠基本站台的列车旅客运输、不直接连通基本站台的候车厅负责承担停靠其他站台（有 2 个及其以上其他站台）的列车旅客运输，则直接连通基本站台的候车厅与不直接连通基本站台的候车厅、基本站台与其他站台利用率不均衡。因此，除站房内上下两层候车厅之间设置能力充足的通道外，还应考虑不直接连通基本站台的候车厅在站房外设置直接连通到基本站台的通道，做到不直接连通基本站台的候车厅到所有站台（基本站台、其他站台）的通道能力同等，并注意直接连通基本站台的候车厅到所有站台（基本站台、其他站台）的通道能力充足，以充分利用、灵活利用有关候车厅和站台进行旅客运输组织。同时，为防止滑倒或因滑倒发生踩踏事故，楼梯踏步面应设置可靠的防滑措施。

2. 高速铁路车站换乘设计。

对于有换乘需求的枢纽车站，应做好便捷换乘通道设计，并在便捷换乘通道等处所设置明晰的换乘标识。

3. 高速铁路车站站房门口处所挡风设计。

在建筑物的出入口处，设置门斗和封闭门等过渡性的建筑空间，能很好起到分隔、挡风、保温等作用，因此，《高速铁路设计规范》规定，设置空调供暖系统的站房主要出入口应设置门斗和封闭门等，减少无组织渗风。

高速铁路车站站房尤其设有交通平台的高速铁路车站站房正门处所，因冬季、夏季风力大，而正门处所全天候、全营业时间开放，并设有安检仪等工作人员长时间工作岗位，气温异常难耐。为使旅客具有良好的旅行环境、工作人员具有良好的工作环境以及节能等，在不影响高速铁路车站站房整体建筑风格、功能使用等情况下，应在高速铁路车站站房主要出入门口处所设置挡风隔断设施（门斗和封闭门等）进行挡风设计，如图 2-1 所示，在高速铁路车站站房主要出入门口处所设置挡风隔断设施，挡风隔断设施顶部、正立面为封闭设置，两侧为出入口，人员从 A、B 两侧出入口出入；同时，挡风隔断设施设置应与高速铁路车站站房整体造型设计、正立面设计、防雨棚设计等协调一致，做到美观、协调、实用。

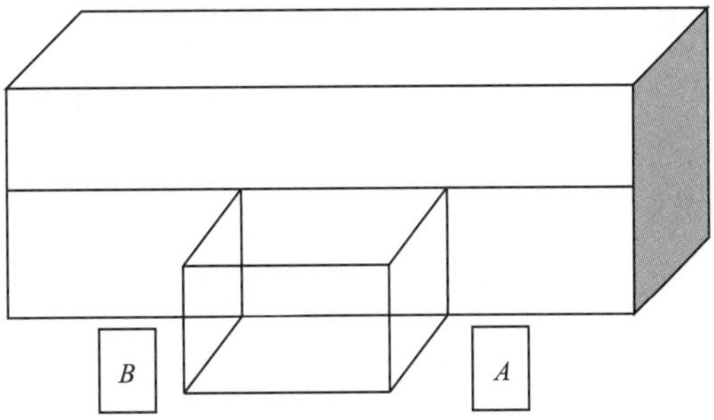

（a）图例

（b）实例

图 2-1　高速铁路车站站房门口处所设置挡风隔断设施图

4. 高速铁路车站站房屋顶等防雨设计。

（1）需做好高速铁路车站站房等房屋屋顶、建筑物间连接部分等防雨设计，防止漏雨、飘雨等不良情况的发生；室外楼梯、扶梯罩棚设计应满足相关规定要求，出入口净高不宜小于 3 m，并应采取防飘雨、飘雪措施。设计者应具有源头杜绝的理念，首先从建筑设计上科学做好防雨、防水设计，采取防漏渗雨水的构造措施，站房等四周檐口应设置防止雨水倒流的滴水线，杜绝因施工误差等可能造成的漏雨、漏水等不良情况。同时，施工人员必须一丝不苟地做好施工过程中的防雨、防水施工质量，切实把防雨、防水施工认真细致做到位。

（2）对设置有进出站交通交换平台的高速铁路车站站房，结合站房屋顶等设计，宜做好进出站交通交换平台的防雨、防雪设计，以使旅客在此处进出站上下车不淋雨雪。

（3）高速铁路车站站房、雨棚屋面排水系统应与站场排水、场地排水系统统筹考虑，并接入城市排水系统。应该注意的是，站房所处位置的设计地面标高，宜高于所处地域自然地面标高，以不至于在雨季尤其在暴雨时被淹“入海”。

5. 高速铁路车站站房屋顶换灯、检修等通道设计。

按照《高速铁路设计规范》规定，高速铁路车站站房及雨棚应考虑设置屋面、外幕墙、高大空间吊顶等部位的检修维护设施。高速铁路大部分车站站房建筑空间较高，高速铁路车站站房屋顶等设计中应设置检修维护通道和高空设备设施检修条件（梯子、升降平台等），即应设置换灯、检修、维护等通道或设备设施，站房屋顶和室内外等广播、照明等设备的维修设备设施（检修维护通道、维修梯等）应科学设置、配置齐全，灯具、电线路等设置位置应易于更换、检修，以利高速铁路运营后站房屋顶和大量的广播、照明等设备日常可得到及时维护、故障时可得到及时检修。尤其是一些建筑空间高大站房，升降平台高不能及或极不方便日常维修，站房屋顶设计更应注重设置灯具更换、电线路检修、屋顶检修等检修维护通道，以利日常维修，应避免灯具故障时无法更换、电线路因被封进屋顶中等故障时无法检修等情况的发生。

6. 高速铁路车站站房房间功能布局设计。

高速铁路车站站房房间功能布局设计应确保安全、适合工作、方便管理、有利运营。

（1）为确保安全，售票厅与候车厅应做到严密物理隔离。

（2）为确保安全，售票室、进款室、票据室应集中设置，并应对外设置两道门、门内设置卫生间。

（3）有关工作人员房间应通风、透光。

（4）站房办公区房间数量、面积应满足运营需要，并预留发展条件。

7. 高速铁路车站站房等房屋楼梯侧面栏杆设计。

高速铁路车站站房等房屋楼梯的侧面栏杆应做好栏杆扶手、栏杆立柱的细部、样式等设计，栏杆不应仅采用玻璃作为防护材料（图 2-2），应在采用玻璃作为防护材料的同时，增设合适密度的横向或竖向防护栏杆，并注意做好艺术设计和施工细节，即确保安全，又给人身心以安全感和美感。

图 2-2　仅采用玻璃作为防护材料的楼梯侧面栏杆设计实例

8. 极端天气下、非常情况下的安全设计。

须认真做好高速铁路极端天气下、非常情况下的安全设计，高速铁路有关站房、雨棚以及上跨、下穿管线等必须达到防雪、防冰、防冻、防雹、防水、防腐、防爆、防火、防热、防震、防风等“十一防”设计加强原则的要求，设计时应注重现场调研，结合运营需要、发展需要做好方案、设计的优化、细化工作。

2.3.5 高速铁路车站站房等设计应注重方面

1. 按照《高速铁路设计规范》规定，高速铁路站房通行设施的最大通过能力宜按表 2-1 选用，安检仪、自动检票机等设备的通过能力应与进出站流线上的其他设施设备的通过能力相匹配。但应注意每个进站口安检仪台数应多布设，因为存在旅客早来、集中来的情况，以防拥堵。

表 2-1　车站各部位最大通过能力

部位名称		每小时通过人数
每米宽楼梯	下行	2 800
	上行	2 500
	双向混行	2 200
每米宽通道	单向	3 500
	双向混行	2 800
每米宽自动扶梯	0.5 m/s	4 500

2. 按照《高速铁路设计规范》规定，高速铁路站房应设置人工售票窗口、自动售票机、取票机和公安制证用房，自动售票机和取票机的布点应结合进站流线在公共区设置。随着近年来互联网的发展，网上购

票比例不断提高，并可以预见，将来网上购票比例将会达到 80% 以上，已经不是以前所参考的国外自动售票比例的情况；与此同时，随着中国铁路电子支付体系的建设和发展，旅客通过刷卡等电子支付方式进出站乘车旅行将会更加普遍，电子支付方式、无纸化将是中国高速铁路的发展方向，因此，高速铁路自动售票机和取票机的布点数量、位置等，应因时制宜，结合发展情况进行确定；高速铁路独立售票厅的规模、人工售票窗口数量应结合自动售票机和电话、网络售票及火车票代售点、电子支付等情况确定。

3. 按照《高速铁路设计规范》规定，高速铁路进出站流线上宜设置重载型感应式自动扶梯，扶梯临空面宜设置防护设施，防护设施的设置应与扶梯的材料、形式、布置和安装等相协调。

4. 按照《高速铁路设计规范》规定，高速铁路站房及雨棚屋面雨水设计应合理选用暴雨设计重现期、暴雨强度等参数，金属屋面应设置溢流系统。应通过科学设计和精细施工，使高速铁路站房及雨棚屋面在极端天气下无渗漏水现象。

5. 按照《高速铁路设计规范》规定，高速铁路体型复杂的大型站房宜由风洞试验确定设计风载荷，站房轻型金属围护结构宜进行抗风揭试验。对台风、龙卷风等风暴易发地区，站房及雨棚屋面设计应采用可抗风揭建筑技术和建筑材料。

6. 按照《高速铁路设计规范》规定，高速铁路高架站房结构耐久性设计应符合下列规定：

（1）主体结构和使用期间不可更换的结构构件，应按设计使用年限为 100 年的要求进行耐久性设计。

（2）使用期间可更换且不影响运营的次要结构构件，可按设计使用年限为50年的要求进行耐久性设计。

7. 按照《高速铁路设计规范》规定，高速铁路特大型站房结构宜进行整体结构健康监测；复杂的大型站房结构可进行整体结构健康监测。站房结构中处于恶劣环境下易受腐蚀或长期承受交变荷载作用的重要构件可进行局部结构健康监测。

2.4 高速铁路建筑设计线条图案的采用

在高速铁路建筑设计中，构造设计应充分体现建筑形态和建筑空间。同时，就高速铁路车站站房等房屋建筑整体而言，当高速铁路车站站房等房屋建筑正立面等立面出现线条图案时［图2-3（a）、图2-3（b），窗户、结构柱、立面墙体等形成的线条，下同］，应尽量在高速铁路车站站房等房屋建筑正立面等立面使用竖向线条，并注意与站房等房屋建筑屋顶等造型协调一致（这里不言及高速铁路车站站房等房屋建筑屋顶等造型，只谈高速铁路车站站房等房屋建筑正立面等立面出现线条图案时的处理，下同），以使高速铁路车站站房等房屋建筑整体具有挺拔之感［图2-3（c），比较图2-3（a）和图2-3（b）即可得到这种感觉］。当高速铁路车站站房等房屋建筑正立面等立面出现横向线条时，要善于采用0.618比值的黄金分割线等方法进行建筑整体、建筑局部、建筑细节等设计。尤其在高速铁路车站站房等房屋建筑规模不大的情况下，当高速铁路车站站房等房屋建筑正立面等立面出现横向线条时，宜在高速铁路车站站房等房屋建筑正立面等立面尽量高的位置设置横向线条，以使高速铁路车站站房等房屋建筑整体尽量具有挺拔之感［图2-3（d）］。当高速铁路车站站房等房屋建筑正立面等立面在中部出现横向线条时，宜在 0. 618 比值的黄金分割线处设置横向线条，以使高速铁路车站站房等房屋建筑整体具有稳重、挺拔之感［图 2-3（e）］。当高速铁路车站站房等房屋建筑正立面等立面在中部出现横向线条时，若不在 0. 618 比值的黄金分割线处而在黄金分割线以下处设置横向线条，则高速铁路车站站房等房屋建筑整体会有失稳、平铺之感［图 2-3（f）］。

（a）

（b）

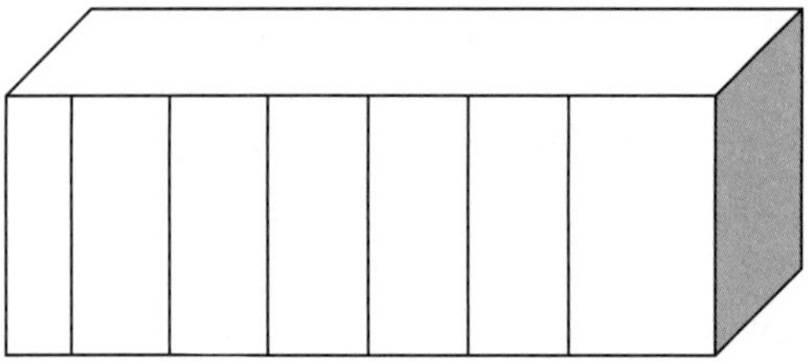

（c）

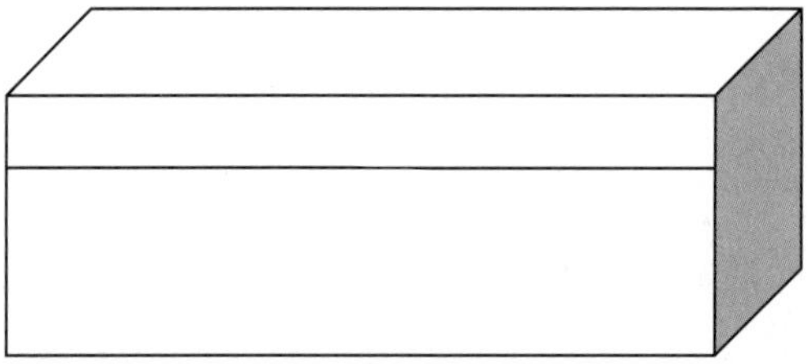

（d）

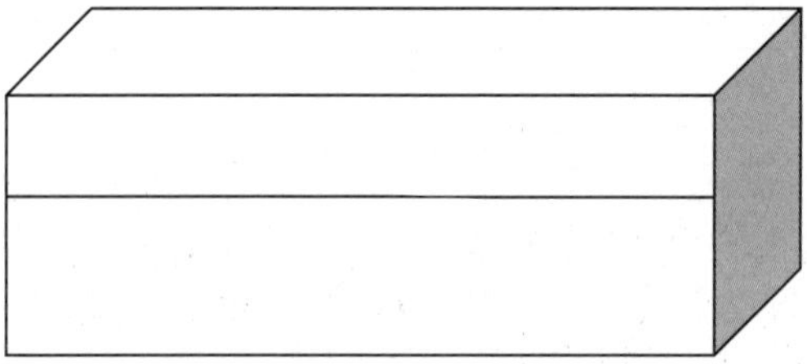

（e）

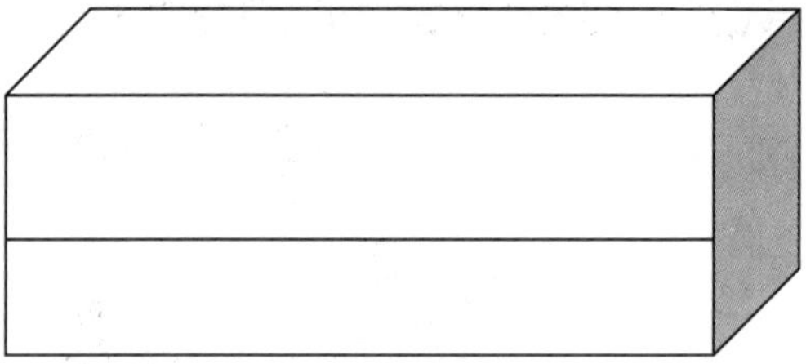

（f）

图 2-3　高速铁路车站站房等房屋建筑设计线条图案的采用比较

2. 5　高速铁路建筑设计门窗、窗眉的运用

建筑要非常注重门窗、墙体的设计和细部处理，门窗会对建筑形象等产生很大影响，会使建筑内部空间与外部环境紧密联系在一起，可使人、阳光、风景、世界相互沟通，会使人的心灵放飞到远处景观、美好

生活之中。在高速铁路有关房屋建筑设计上，对一些建筑高度不高的房屋建筑，应善于运用门窗造型、窗眉造型以及线条、色彩等来提高一些建筑高度不高的房屋建筑的视觉高度和整体形象。如图 2-4 所示：门窗采用竖长形、窗眉采用三角形来提高一些建筑高度不高的房屋建筑的视觉高度和整体形象。

（a）图例

（b）实例

图 2-4　门窗采用竖长形、窗眉采用三角形的房屋建筑视觉效果

2.6　高速铁路建筑设计结构柱等运用

在高速铁路有关房屋建筑设计上，对一些建筑高度不高的房屋建筑，应善于运用结构柱以及色彩等处理来提高一些建筑高度不高的房屋建筑的视觉高度和整体形象。除利用结构柱来提高一些建筑高度不高的

房屋建筑的视觉高度和整体形象外，在有关房屋建筑正（背）立面非结构柱处可采用与结构柱处同样外饰色彩或建筑材料的有意突出线条，来提高一些建筑高度不高的房屋建筑的视觉高度和整体形象。如图 2-5 所示：房屋建筑中间门的两侧竖线为房屋建筑结构柱线条，其相邻两侧非结构柱处可采用与结构柱处同样外饰色彩或建筑材料的有意突出的对称竖线线条来提高一些建筑高度不高的房屋建筑的视觉高度和整体形象，与门窗、窗眉等在房屋建筑外观设计中的运用相结合，效果会更好。

图 2-5　结构柱线条、非结构柱处有意突出线条与门窗、窗眉设计运用相结合的房屋建筑视觉效果

2.7　高速铁路建筑设计色彩等运用

在高速铁路有关房屋建筑设计上，应善于运用色彩等来提高高速铁路有关房屋建筑视觉效果。一般情况下，红色屋顶、红色窗框与白色房屋建筑墙体，蓝色屋顶与白色房屋建筑墙体，灰色屋顶（屋檐）与黄色房屋建筑墙体和深色房屋下部踢脚线等色彩组合可很好提高高速铁路有关房屋建筑外观美感。一般情况下，建筑设计时房屋踢脚线、墙裙等房屋下部应采用深色色彩，房屋上部应采用浅色色彩。在提高高速铁路

有关房屋建筑视觉效果上，应主要做好屋顶（屋檐）、窗框、窗户、房门、外墙、踢脚线、墙裙等造型、比例、色彩、材料、装饰等设计。

2.8　高速铁路建筑的细部设计

2.8.1　高速铁路建筑需要完美细部设计

高速铁路技术的先进、可靠并不代表高速铁路建筑细部设计的最优，却往往可能由于高速铁路建筑细部设计的败笔，而影响人们对高速铁路技术先进、可靠的信任。从一定意义上来说，建筑就是细部，细部制造建筑。完美的细部设计是完美建筑的基础之一，完美的细部设计应是构成正确、功能完善、注重细节、给人美感、充满文化、具有灵魂的细部设计。同时，建筑细部设计应考虑运营后的维护管理和将来发展的需要，不可只管眼前可用、能用而不考虑运营后的维护管理和将来发展的需要。在兵法上是不谋全局不足以谋一域，在设计上应是不谋整体不足以谋细部，同时，谋不好细部也做不好整体，完美的细部设计是与完美的整体设计一致的、协调的，是与整体设计相得益彰的，是在完美整体架构下的完美细部和在各个细部各美其美、美人之美、美美与共的完美细部集合上的完美整体。因此，高速铁路建筑细部与整体理应是完美、有机、协调的自体与一体。

2.8.2　高速铁路建筑完美细部设计的实现

高速铁路建筑完美细部设计的实现，需要高速铁路建筑设计者对高速铁路建筑每个细部需要的功能、使用的材料、施工的方法等应有细致思考、全面掌握，设计意图应充分满足运营需要、发展需要和体现文化艺术性，才会使高速铁路建筑设计成为科学完美的设计。建筑施工人员应充分理解和充分实现高速铁路建筑设计者的设计意图，质量优良的建筑材料、施工人员的巧匠精神以及施工过程中应具有的严格认真的态度、一丝不苟的习惯、细致精湛的技术是充分实现高速铁路建筑设计者设计意图的可靠保证（如：房屋内外墙面材无论采取干贴工艺还是采取湿贴工艺，均应牢固。湿贴应对墙体进行全面粗糙化处理，以利瓷砖、石材等面材贴墙牢固）。当然，高速铁路建筑设计应充分考虑施工误差可能对设计意图的影响，在设计之时即进行预防性设计，是高速铁路建筑设计者水平的重要体现。同时，设计单位、设计人员应不断从设计开始全面充分检查、提高各种设计的科学性、适用性，施工单位、施工人员应不断从施工开始全面充分检查、提高各种施工的精确性、可靠性，是非常必要的。这样，才能通过共同做好建筑完美细部，共同成就建筑完美作品。

2.8.3 高速铁路建筑完美细部设计的实践

1. 防水细部设计实践。

建筑屋顶设计应考虑防雨、防雪、防风、防火、防音以及采光、保温、荷载、耐久性、经济性、美观性等诸多因素，当然，建筑屋顶的功能确定和材料使用取决于建筑的实际用途，但无论如何，都不可忽视对防水的处理，屋顶渗水对建筑的耐久性、隔热性、实用性等均会造成很大影响，其与有关设计、防水材料、施工质量等因素有关，屋顶渗水无论对设计、施工还是对使用者来说都是失败的。

（1）坡屋顶是屋顶防水的首选。

（2）平屋顶无论是表层、防水层还是结构层的每一个细节，都应细致设计到位，并细致施工到位，尤其须做好防水材料边沿施工收尾、结合部和各部位的防渗水处理等。同时，应做好平屋顶的排水坡度设计，最大限度地缩短水在屋面的停留时间，一般采用 1/50 ~ 1/75 的坡度更有利于缩短水在屋面的停留时间，有利更好排水、防止渗水。

（3）根据实际情况，可采取平屋顶多种防水方法同时使用的防水设计，以及可采取平屋顶防水加坡屋顶防水的防水设计，实践证明，以上防水设计的建筑防水效果很好。

（4）应从每个建筑细部着手，针对建筑各个部位的具体情况，优选合适、正确的防水材料、防水做法，建筑的同一部位也可采取一种防水材料、防水做法的加强方法或多种防水材料、防水做法的并用方法。

（5）建筑的窗台、窗户应做好向屋内防渗水的防水细部设计和向屋外排水的坡度等细部设计，做好防水、截水、引水、排水等措施，而不仅仅是在窗台上安设个窗户而已。

（6）对室内卫生间等使用水的处所，内墙应具有防水功能，地面防水层应设计并施工到适宜高度的内墙中（有的国家采用卫生间 1. 20 m、淋浴间 1. 80 m）。对室内卫生间等使用水的处所，还应做好排水坡度、排水管管径、排水管耐久性等细节设计。

2. 楼梯细部设计实践。

精美的楼梯细部就是一道真正美丽的风景，楼梯设计在起到连接不同标高的地面的功能同时，应做到安全、舒适、美观，需做好楼梯形式、栏杆高度、立柱间距、栏杆样式、踏步高宽、防滑措施、使用材料等设计，应使楼梯使用者具有身体和心理安全感、舒适感。

（1）楼梯栏杆高度应足够高。

（2）楼梯栏杆立柱等设置应足够密度并牢固（楼梯栏杆立柱的间距一般应取 110 mm 左右），并应注意楼梯栏杆立柱处不应仅使用玻璃作为物理隔断，尤其对旅客使用和多人使用的楼梯应做好安全设计处理，高速铁路车站连接集散层、候车层的楼梯一般很高，更应做好安全设计处理，并与高速铁路车站站房整体建筑结构、建筑风格等相统一。

（3）楼梯栏杆扶手宽度一般应取 50 mm 左右。

（4）楼梯栏杆立柱、扶手等栏杆样式应具有文化、艺术、精神等内涵。

（5）楼梯踏步高度和宽度应均匀设置，连续踏步每级严禁出现不同高度，楼梯踏步立面底部宜向里面倾斜 2 cm 左右，也可楼梯踏步立面向里位移或留出足够平面进深。

3. 吊顶细部设计实践。

（1）关于房屋建筑室内吊顶的设计，在考虑室内功能的基础上，室内吊顶的设计即要做到防火、隔音等，又要做到与室内格调相协调，注意管道风口、照明灯具等的对称布设，并尽量减少室内吊顶占用的空间，应把布设在吊顶内的管线、设备等所占空间压缩到最低程度，无论吊顶还是安设设备，都要尽量减少损失层高，室内空间是房屋建筑最有价值的资源，一定要珍惜利用，杜绝无谓浪费、粗放浪费问题。对体量较大的建筑空间，室内净空过低会给人以压抑感，因此，也应全力减少因吊顶等原因造成的房屋建筑室内空间的高度损失。

（2）高速铁路站房建筑公共区装修应简洁、明快、实用、耐久，至于吊顶还是不吊顶，应以少吊顶为原则，该吊则吊，挡住管线即可；同时，室内吊顶应最大限度地增加空间的有效净高，不无谓浪费宝贵空间，把净空留给旅客。

（3）高速铁路站房建筑主要公共区及雨棚宜注重结构构件自身的美观，屋面不见得都需吊顶，有时直接杆件也可，减少二次装饰装修，对大空间吊顶方案，在处理好管线布设的情况下，高架层以上少吊顶，地面层格栅式等简单吊顶处理即可。

第3章　高速铁路车站其他设施运营设计优化

3.1　高速铁路建设项目系统集成

3.1.1　高速铁路建设项目系统集成的概念和目的

高速铁路建设项目系统集成包括技术集成、工程集成和管理集成，是高速铁路建设项目自策划、立项、可行性研究、初步设计、施工设计至施工和竣工验收各个阶段中，针对高速铁路建设项目所涉及的基础设施、通信信号、牵引供电、机车车辆（含动车组）、客货服务、运营调度、整体形象、运营维护和运营管理等方面，提出符合高速铁路建设发展规划和主要技术政策的建设方案，使之系统优化、整体配置、集中兼容、资源共享、界面清晰、接口匹配、统筹设计、同步实施，满足高速铁路运营近远期发展需要，实现高速铁路建设项目技术集成、工程集成和管理集成。

3.1.2　高速铁路建设项目系统集成应遵循的基本原则

1. 必须严格执行基本建设法律法规、规章和工程建设强制性标准，严格执行国家规定的建设程序和国家有关规定。

2. 必须立足长远、科学规划、统筹安排、标准一致、协调同步、投资合理。

3. 积极采用安全、可靠、先进、成熟、经济、适用的新技术，保证高速铁路建设工程质量，实现高速铁路建设工程目标。

4. 必须达到优质高效、安全可靠、提高生产力等目的。

3.1.3 高速铁路建设项目系统集成具体要求

为避免高速铁路建设项目中系统性、兼容性、统筹性差等问题，应通过采取系统集成办法来科学实现高速铁路建设项目构建最优化、效益最大化等，并保证高速铁路建设项目系统集成的科学性、合理性。

高速铁路建设项目系统集成涉及的各个方面，必须作为一个统一完整的整体，科学规划、统筹安排、全面协调、系统集成。各子系统之间必须标准一致、接口匹配、配置合理、集约布设、形象最佳，确保实现高速铁路建设项目系统集成目标。

3.1.4 高速铁路建设项目系统集成的具体落实

在高速铁路建设项目设计以及施工过程中，需要重视做好高速铁路建设项目系统集成工作，注重高速铁路建设项目各个工程、管线、设备设施等的统筹协调、科学设置、系统集成，防止自行其是、各自为战、互不协调等问题的发生。

1. 要切实做好高速铁路建筑工程系统集成工作。

（1）随着高速铁路设计、建设、介入、衔接等工作逐步深入，有关铁路局应由总工室牵头，建设处、房地产处、客运处、信息处、经营开发处等部门和单位参加，逐站房、逐站场、逐处所、逐条款认真落实铁路局《初步设计预审意见》、《优化细化意见》、《系统集成意见》等有关工作意见和系统集成工作要求，共同做好高速铁路站房内房间等各种功能系统集成工作，坚决消除各种功能独立设置，杜绝无谓浪费空间的现象。

（2）高速铁路车站站房等建筑必须坚持和落实系统集成（技术集成、工程集成、管理集成）的工作原则和工作要求，站房设计、建设在突出实现旅客出行方便的主要功能的同时，需科学系统、积极细致、正确及时地做好办公、运营与发展等工作功能，餐饮、休闲与商业等辅助功能的设计、建设与完善工作，站房应根据客流特点设置旅客服务商业设施，站内应配套提供商业设施的供电、给水排水、排油烟管道等条件，要注重做好用于商业、广告、临时引导等涉及旅客服务的辅助功能等电源、插座、供水、排水等细节设计和细节施工，以利高速铁路运营后更好地为旅客服务。

（3）要坚持按照系统集成（技术集成、工程集成、管理集成）的工作原则和工作要求，无论是涉及旅客出行的主要功能设备设施，还是涉及运营发展的工作功能设备设施，以及涉及旅客服务的辅助功能设备设施，都要做到科学、集约、定位设置，该集成的要集成，该对称的要对称，该进墙的要进墙，该入地的要入地，该隐蔽的要隐蔽，做到科学系统、协调美观、整体统一。

（4）要盯住系统集成过程，高度重视做好高速铁路车站站房等建筑照明灯、开关、插座、配电箱（柜）、广播、信息屏幕、监视探头以及消防器材箱（栓）、管道、各类管线等系统集成的工程集成工作，站房、站台雨棚、天桥的各类管线应统筹设计、精细施工，布局应规整、有序、节省空间、利于维修；要把各种客运设备设施、各种系统、各种接口、各种管线、各种开关、各种消防设备设施、各种监控设备设施、各种空间等通过系统集成设计和系统集成施工统筹系统集成好，做到方案科学合理，系统集成最优，满足运营发展。

（5）高速铁路车站站房等建筑结构、有关设备、各类管线应统筹考虑，集成做好。高速铁路车站站房等建筑结构设计应安全、经济，并应在适当位置预留孔洞等综合管线穿跨空间，在满足检修需要的情况下，很多管线应走到建筑孔洞等中，以增加高速铁路车站站房等建筑有效净空。高速铁路车站站房等建筑通信、控制、电力、消防、给排水等管线系统的布置方式，直接影响到车站站房等建筑内部的净空高度，设计时各专业应密切配合，做好综合管线系统的设计。

（6）应高度重视高速铁路车站站房建筑大空间的空调、新风系统设计，空调、新风系统出风口的形状、尺寸、位置及在建筑空间中的整体效果，要针对不同站型，结合土建工程系统设计。高速铁路车站站房建筑给旅客以通透空间作引导比引导牌要好得多，因此，空调、消防、引导等设备单元、管线等布局在站内的位置要避免对空间通透效果的影响，不应设在主通道内。

（7）高速铁路车站站房等建筑室内吊顶设计时，可将照明、烟感、广播、监控、风口等设备进行系统集成设计和系统集成施工，避免有关设备四处无序分设问题。

（8）应注重做好高速铁路车站站房等建筑内、外部各子项的工程、管线、设备设施等的接口设计和接口施工，把为人方便、为己方便的好事做好。

2. 要切实做好高速铁路其他工程系统集成工作。

高速铁路其他工程仍然必须坚持和落实系统集成（技术集成、工程集成、管理集成）的工作原则和工作要求，科学合理地细致进行系统集成设计和系统集成施工，各子工程不能各管各的，要统一工程接口，协调统筹做好整个工程，实现高速铁路其他工程系统集成的良好效果，做到集约、精美、协调、统一。

3. 高速铁路工程系统集成工作的实施。

高速铁路建设单位和有关建设指挥部应督导高速铁路设计单位、施工单位等按以上系统集成（技术集成、工程集成、管理集成）的工作原则和工作要求做好实施工作，并搞好系统集成工作的过程盯控，通过系统集成的过程盯控确保实现系统集成的良好结果。

3.2　高速铁路车站广场设计

高速铁路车站广场设计应与高速铁路车站站房设计相协调统一，需突出高速铁路车站站房彰显的建筑风格和建筑文化；需与高速铁路车站站房功能布局协调一致；广场自身设计需科学合理。

3.2.1　高速铁路车站广场设计突出站房建筑风格和建筑文化

总体而言，高速铁路车站站房整体建筑风格如果彰显的是竖向线条的，则高速铁路车站广场设计，无论是在立体上具体建筑实体构成，还是在平面上具体建筑色彩使用，不宜采用横向线条的设计图案。否则，将会削弱高速铁路车站站房建筑风格所彰显的竖向线条的效果（图 3-1）。同时，在高速铁路车站广场区域甚至更加广泛的区域，由于车站站房是主体建筑，因此，高速铁路车站广场其他建筑设计需烘托、衬托车站站房这一主体建筑，并应与车站站房建筑风格和建筑文化保持协调一致。

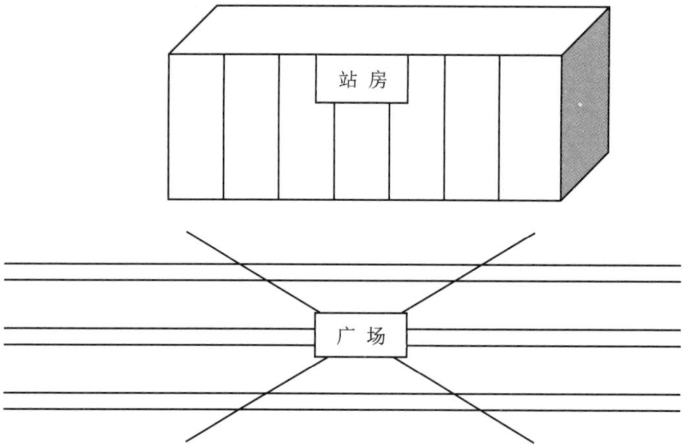

图 3-1　高速铁路车站广场横向线条的设计图案削弱车站站房建筑风格所彰显的竖向线条的效果

3.2.2　高速铁路车站广场设计与高速铁路车站站房功能布局协调一致

高速铁路车站建筑的总体布局应与城市规划整体协调，注重与城市其他交通方式在功能布局、流线设置上的衔接，无论是否有地铁引入的车站，车站均应与公交车、出租车、社会车等在功能布局、流线设置上科学衔接，使旅客进出车站顺畅，换乘便捷（尽量减少旅客换乘距离）。

社会车、出租车区域宜设置在售票厅一侧，因为乘社会车及出租车来车站的旅客一些情况下是时间很紧的情况，更需要及时购票、乘车（已购票直接乘车的旅客除外）。而公交汽车区域宜设置在出站口一侧，因为到达车站的旅客一般情况下不是时间很紧的情况，换乘公交汽车即可（时间很紧的情况旅客除外）。高速铁路车站广场设计与高速铁路车站站房功能布局协调一致，重在考虑全面、方便旅客、保证重点（图 3-2）。

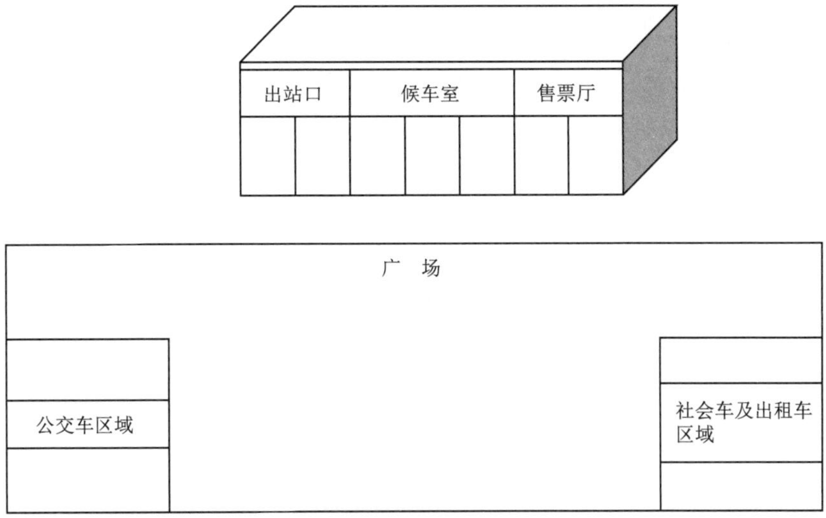

图 3-2　高速铁路车站广场设计与高速铁路车站站房功能布局协调一致

3.2.3　高速铁路车站广场自身设计需科学合理

高速铁路车站广场设计除需突出高速铁路车站站房彰显的建筑风格和建筑文化、与高速铁路车站站房功能布局协调一致外，高速铁路车站广场自身设计还需做到整体设计、局部设计、细部设计都应确有道理，科学合理。应善于运用灯柱等设备设施采用 0.618 比值的黄金分割线等方法，做好高速铁路车站广场整体设计、局部设计、细部设计。

1. 设置多处广场灯柱的广场，广场灯柱不应设置在人员、车辆聚集、通行的站房附近区域，以避免影响广场人员、车辆的聚集、通行。

2. 高速铁路车站站房建筑风格如果彰显的是竖向线条的，则高速铁路车站设置多处广场灯柱的广场，广场灯柱排列线型宜设置为直线型（不宜设置为曲线型），以更好烘托、衬托车站站房这一主体建筑，并与高速铁路车站站房建筑风格彰显的竖向线条相协调一致。

3. 高速铁路车站广场设有绿地时，广场灯柱宜设置在广场绿地中靠近硬化地面处，以给旅客等以最大的硬化地面活动空间，并可无形中作为保护绿地的界限。

4. 高速铁路车站因地势等原因，广场设有台阶时，广场台阶应尽量远离高速铁路车站站房，以给人员、车辆以最大的活动空间和最大限度地方便旅客。同时，广场台阶两侧（广场台阶较长时可为广场台阶两侧和中部）应设置坡道，以利旅客行李拖行等。

5. 高速铁路车站广场设有绿地并设有台阶时，应将广场台阶与广场绿地结合好，将最低一层广场台阶下的地面与广场绿地边缘地面等高，并在广场绿地中从此等高位置开始科学美观设置人行道至最高一层广场台阶上的地面，以利残疾人等通行。

6. 高速铁路车站广场设有台阶、灯柱等时，在合适的情况下，可采用0.618 比值的黄金分割线等方法进行台阶、灯柱等在广场中的比例位置的设置，即可把台阶、灯柱等设置在0.618 比值的黄金分割线处等位置。

3.3 高速铁路车站雨棚设计

3.3.1 高速铁路车站雨棚开口位置

高速铁路车站雨棚设计在考虑动车组列车通过雨棚下时的气动效应的同时，也应考虑高速铁路车站雨棚开口位置，做到防止雨水等直接滴落到动车组列车车顶，继而影响旅客上下车，因此，宜将高速铁路车站雨棚开口边缘尽量远离站台。

3.3.2 高速铁路车站雨棚防漏渗水

高速铁路车站雨棚设计应科学合理，采取防漏渗雨水、雪水的构造措施，雨棚四周檐口应设置防止雨水、雪水倒流的滴水线，注意防止雨棚漏渗水问题，避免因设计、施工、材料等问题产生的雨棚漏渗水和因雨棚横梁设计在股道上空部位高、在站台上空部位低等问题产生的雨棚引导流水滴落到站台等不良情况，应从设计源头做好科学设计，做到设计严谨、构造合理、材料可靠、施工精细、排水顺畅、维修方便。

3.3.3　高速铁路车站雨棚设置高度、宽度

按照《高速铁路设计规范》规定，高速铁路站台雨棚的长宽高及结构形式应根据车站规模、站型、气候特点、站台和股道尺度等因素综合确定。其中中型、小型车站宜采用站台立柱雨棚；沿海地区宜采用钢筋混凝土结构雨棚。高速铁路车站雨棚设计不宜过高，雨棚设计过高，会使雨、雪极易随风飘入车站站台，影响高速铁路车站雨棚防雨、防雪等功能，并造成旅客上车、下车不便等问题；同时，车站雨棚屋面覆盖范围要延伸至站台边缘外 2 m 以上，以避免飘雨、飘雪。

3.3.4　高速铁路车站雨棚维护设计

按照《高速铁路设计规范》规定，高速铁路车站站房及雨棚应考虑设置屋面、外幕墙、高大空间吊顶等部位的检修维护设施。高速铁路大部分车站雨棚等空间较高，高速铁路车站雨棚等设计中应设置检修维护通道和高空设备设施检修条件（梯子、升降平台等），即应设置换灯、检修、维护等通道或设备设施，车站雨棚和站台等广播、照明等设备的维修设备设施（检修维护通道、维修梯等）应科学设置、配置齐全，灯具、电线路等设置位置应易于更换、检修，以利高速铁路运营后使车站雨棚和大量的广播、照明等设备日常可得到及时维护、故障时可

得到及时检修。尤其是一些高大雨棚，升降平台高不能及或极不方便日常维修，高速铁路车站雨棚棚顶设计更应注重设置灯具更换、电线路检修、棚顶检修等检修维护通道，以利日常维修，应避免灯具故障时无法更换、电线路因被封进雨棚中等故障时无法检修等情况的发生。

3.3.5 高速铁路车站雨棚强度设计

高速铁路车站雨棚设计应注意极端天气情况下的积雪等荷载，以及强风、台风、列车风、地震等不利情况和不利组合，雨棚整体和部件都应具有足够强度，做到整体牢固、部件牢固，可抗雪、抗风、抗震等。

3.3.6 高速铁路车站雨棚接口设计

在高速铁路车站雨棚结构形式设计时，应考虑寒冷地区棚顶冬季融雪对接触网绝缘设备的影响，应通过科学合理设计，避免寒冷地区棚顶冬季融雪对接触网绝缘设备造成不良影响。

3.3.7 高速铁路车站雨棚系统集成

高速铁路车站雨棚排水管应结合雨棚立柱统一设计，尽量设置在结构柱的“空腔”内。雨棚下悬挂物（显示屏、引导牌等）、管线等均应科学合理地细致进行系统集成设计和系统集成施工，实现高速铁路车站雨棚系统集成的良好效果，做到集约、精美、协调、统一。

3.4 高速铁路车站站台设计

高速铁路车站站台上宜不设、少设影响通行的建筑物和结构柱等，站台铺面应采用耐磨、防滑材料，满足防滑、耐久性、便于维护等需要。

3.4.1　高速铁路车站站台铺面材料设计

1. 高速铁路车站站台安全线外靠近股道一侧铺面材料应设计为摩擦系数大、不可光滑的铺面材料，并应注意此铺面材料应纵向摩擦系数和横向摩擦系数均大，以最大限度防止雨雪天气等不良情况下旅客等人员纵向和横向滑倒等问题发生。因此，宜采用表面粗糙度大的铺面材料，或采用同时设置纵向和横向防滑线的铺面材料（而非只设置横向防滑线的铺面材料）。站台铺面采用花岗岩铺面的石材表面，宜采用机刨工艺处理。

2. 高速铁路车站站台盲道地面砖设计需做到符合规定，科学合理，摩擦系数大、不可光滑；同时，盲道地面砖铺设施工需做到牢固、平整、精细。

3. 高速铁路车站站台其他部位铺面材料设计需做到厚度足够，结实牢固，色调协调（站台面自身色调协调、站台面与站房和雨棚等色调协调），对下面设有设备设施的活动式铺面材料，须做好活动式铺面材料的平整稳固、耐久可靠设计处理和施工处理。

3.4.2　高速铁路车站站台两端设计

高速铁路车站站台两端应根据需要做好坡道设计；需设计为人行梯时，应做好人行梯的坡度设计（坡度宜缓）、扶手设计（扶手应高度足够、安全牢固等）等。

3.4.3　高速铁路车站站台有关设备设施位置设计

高速铁路车站站台楼梯、扶梯背后等隐蔽处所可设置做卫生等使用水的供水点、工具间和客运工作间等设备设施。

3.4.4 高速铁路车站站台动车组车厢号标设计

高速铁路车站站台动车组车厢号标宜采取在站台上靠近股道侧设置电子显示屏车厢号标或在站台雨棚下悬挂电子显示屏车厢号标的方式进行设置，并可在站台雨棚下的引导显示屏上作相应引导，以避免因动车组正向编组、反向编组以及16辆编组的动车组停车位置标与8辆编组的动车组停车位置标未合设一处引起的高速铁路车站站台动车组车厢号标位置设置繁杂、变化多样、旅客不易辨识以及给客运组织带来的不利影响等问题，减轻客运人员客运组织劳动强度等。

3.4.5 高速铁路车站动车组停车位置标设置设计

在高速铁路车站，16辆编组的动车组停车位置标与8辆编组的动车组停车位置标均宜合设一处，以避免发生动车组停错位置和车厢号标位置设置繁杂、变化多样、旅客不易辨识以及给客运组织带来的不利影响等问题。同时，高速铁路车站动车组停车位置标应设置在站台一侧（即应设置在站台上），而不应设置在股道一侧（即不应设置在股道间），以避免误导动车组司机开错动车组车门方向。

3.5 高速铁路车站地道设计

3.5.1 高速铁路车站地道防水设计

高速铁路车站地道须预防股道、站台等水的漏渗，应首先从设计上全力杜绝因施工误差等可能造成的股道、站台等水的漏渗等不良情况，具有源头杜绝的理念和进行科学合理的设计。否则，产生的漏渗水等不良情况运营后很难整治。同时，必须一丝不苟地做好地道变形缝、施工缝等处防水处理（地道顶部变形缝、施工缝处应设置导水槽），切实把防水施工科学细致做到位，杜绝地道漏渗水问题。

3.5.2　高速铁路车站地道通风防潮设计

在高速铁路车站地道设计时，地道内宜采取通风、防潮措施，尤其多雨地区、有梅雨季节的地区更应做好地道通风、防潮设计和施工。

3.5.3　高速铁路车站地道内部设计

高速铁路车站地道地面应耐磨、防滑，铺面材料应设计为摩擦系数大、不可光滑的糙面铺面材料（石材或其他），以便旅客、工作人员安全行走。同时，高速铁路车站地道既是连接车站内外的通道，也是文化展现长廊和旅客旅行长廊，应做好高速铁路车站地道两侧墙壁和地道顶部等有关设计，增加文化、艺术、精神内涵。

3.5.4　高速铁路车站地道其他设计

高速铁路车站地道广告灯箱位置、电源插座、电源开关等设置条件需在设计阶段做好，以满足高速铁路车站运营、商业等需要。

3.6　高速铁路车站食堂设计

高速铁路车站食堂在高速铁路运营中十分必要，应按照铁路工程防火设计安全适用、经济合理的设计要求，在高速铁路车站站房外设置，以便可明火制作饭菜，满足高速铁路运营后勤保障需要。

3.7 高速铁路地下车站防火设计

因高速铁路地下车站系特殊建筑物，工程性质特殊，其防火及结构安全构造、安全疏散等方面的诸多设计要求不同于地面上的高速铁路建筑物，应按照《铁路工程设计防火规范》关于耐火等级、防火分区、安全出口、装修要求、疏散距离、疏散时间、疏散通道、疏散标志、疏散能力、商业设施、消防给水、消防设施、防烟排烟、自动报警、备用照明等规定和其他有关规定要求，结合高速铁路地下车站这一特殊建筑物的具体情况，科学合理、全面细致做好高速铁路地下车站工程防火设计，并须做到：

1. 高速铁路地下车站建筑设计须使旅客具有明确的自身方位感和明确的出口方向感，以利火灾时旅客可及时、正确撤离现场，因此，高速铁路地下车站建筑设计时须使各层出口能力充足、清晰明确、一目了然。

2. 高速铁路地下车站建筑设计更须注重做好人员安全、及时疏散的特殊设计，满足火灾探测时间、报警时间、疏散准备时间、疏散行动时间等人员疏散必需时间的需要，并须留有安全冗余，不可仅仅是理论计算可行而须做到实际万无一失。

3. 高速铁路地下车站建筑设计时以及使用过程中须全力减少可燃物，尽量采用、使用不燃材料。

4. 高速铁路地下车站建筑设计须少设或不设商铺、小件寄存。对商铺、小件寄存和设备及运营、管理用房等处所实施防火分隔、灭火设施、烟控措施等加强设计，售票窗口等处所应采用防火玻璃。

5. 高速铁路地下车站防火分区须科学划分，防止火灾蔓延。并做好防烟分区划分、火灾烟气控制和排放等火灾烟气控制设计。

6. 高速铁路地下车站须做好火灾自动报警系统、漏电火灾报警系统、灭火系统、防排烟系统、紧急广播系统、应急照明及疏散指示系统等防火安全设计，确保消防设施设备功能完善、效果可靠；同时，须做好使用过程中的维护管理，做到状态完好，以确保消防可控、绝对安全。

3.8　高速铁路空地美化设计

在高速铁路站区等有关工作区域，因线路接引方向等原因，有时会产生不规则空地，应做好高速铁路不规则空地美化设计，如空地植草不设置人行等道路时，空地可采用似丘陵缓缓展现的造型会更加美观（图 3-3）；如空地植草并设置人行等道路时，道路可采用似小河弯弯流过的线型会更加美观（此时空地可为平地或丘陵地造型）（图 3-4）。以上其原理相当于数学的“负负得正”，以“不规则的不规则得到规则的效果（美的效果）”。

图 3-3　空地植草不设置人行等道路时空地采用似丘陵缓缓展现的造型

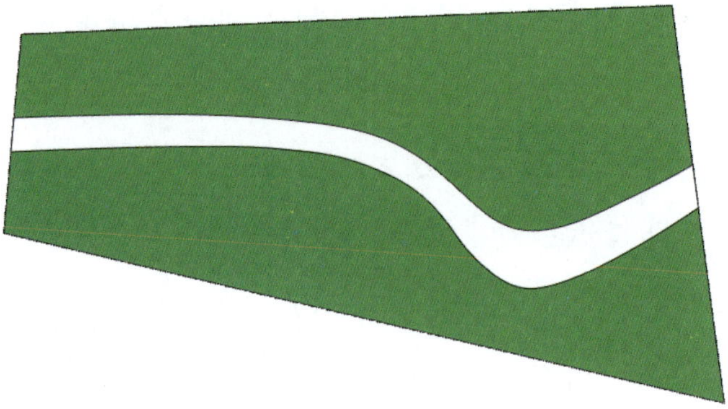

图 3-4　空地植草并设置人行等道路时道路采用似小河弯弯流过的线型

3.9　高速铁路安全防护设计

1. 为防止动物等侵入高速铁路线路内，高速铁路封闭栅栏设置施工时，底部不可距地面过高，底部与地面间的间隙不得大于 5 cm；在地面纵坡大于 12°的陡坡地段，防护栅栏底部与地面间的间隙应采用混凝土封闭。应加强高速铁路封闭栅栏强度设计，使之强度足够、不易被损坏。封闭栅栏底部、围墙底部有排水沟等设施时，应做好防止动物等侵入设计处理和施工处理，下部应安设间隙不大于 6 cm 的箅子等，并强度足够、不易被损坏。

2. 按照《高速铁路设计规范》规定，灾害监测系统工程设计应根据铁路沿线气象、地形地貌、地质等自然条件及工程特点合理确定灾害监测系统的监测对象和设置原则。设计速度 200 km/h 及以上区段应设置风、雨、雪、地震及上跨铁路的道路桥梁异物侵限监测系统。高速铁路自然灾害及异物侵限监测系统需既要做到灵敏、及时，又要做到正确、可靠，应减少或杜绝误报现象。

3. 按照《高速铁路设计规范》规定，路基边坡工程应采用植物防护与工程防护相结合的措施，并兼顾景观与环境保护、水土保持、节约土地等要求。路堤边坡应设置坡面防护工程，防护类型应根据工程类型、当地年平均降雨量、工程及水文地质条件、边坡坡度与高度、材料来源、施工条件、环境保护及景观要求，经技术经济比较后合理选用，并应贯彻绿色防护的理念，结合绿色通道建设，遵循因地制宜、安全可靠、经济适用、易于管护、兼顾景观的原则，当路堤边坡适宜进行植物防护，且能保证路基边坡的稳定时，宜采用植物防护或植物防护与工程防护相结合的措施，植物防护宜采用灌草结合、灌木优先的方式。土质路堑边坡可采用植物防护措施。

但高速铁路线路两侧防护栅栏内非路堤边坡、非路堑边坡的植物防护、绿化景观等宜采用草皮等矮型植被，不宜采用高草、高型灌木等高型植被，以利于高速铁路防火以及发生火情时不至造成安全等危害。

4. 高速铁路沿线等安全防护，需切实做好人防、物防、技防等有关工作。

（1）人防是安全防护决定因素。

1）有关巡守人员巡守工作必须到位，做到及时发现问题，及时解决问题。

2）铁路有关部门、单位应及时会同地方政府有关部门对高速铁路线路安全保护区、控制区内违法占地、违法建设、违法经营等问题进行严肃查处、逐一销号。

3）铁路有关部门、单位应会同地方政府有关部门及时对沿线安全环境进行全面检查，及时研究、及时解决影响高速铁路线路安全的各类隐患和问题，杜绝安全保护区存在非法建筑物，杜绝非法侵占铁路用地以及危害铁路运输安全的隐患等问题，做到预防为主，消防结合。

（2）物防是安全防护重要基础。

1）防护栅栏、防护墙体、防护滚网等必须密实、牢固、耐久、可靠，强度、高度足够。

2）排水孔洞、沟涵等需采取网格状钢筋等适当、牢固、耐久、可靠的封闭防护措施。

3）上跨高速铁路的道路桥梁应做好上跨桥梁两侧对高速铁路线路的防护和异物侵限监测系统及检修通道等设置。上跨高速铁路的道路桥梁上跨铁路部分应按全封闭设计，上跨高速铁路的道路桥梁须考虑可能通行的最大活载并按规定留足荷载安全储备，按照相关规定设置一层超SS级防撞墙（3.60 m高加强型SS级钢筋混凝土防撞墙＋1.40 m高钢结构防护栏）和一层防落物墙（3.60 m高加强型SS级钢筋混凝土防撞墙，与超SS级防撞墙相距3.00 m）、防坠物等安全设施；上跨高速铁路的道路桥梁两端应设置限速、限载标识及减速装置。

（3）技防是安全防护发展方向。

1）接触网应综合考虑自然灾害及异物侵限监测系统设施、通信漏缆、精测设备等与接触网设施的合设要求，路基地段可利用上下行接触网立柱等间隔交替地每100 m左右设置一处视频记录装置（摄像头），并满足昼夜清晰度、转换角度等需求；桥梁地段、隧道地段可在桥梁两端、隧道两端隧道口分别设置一处视频记录装置（摄像头），并满足昼夜清晰度、转换角度等需求。同时，有关监控室应进行周期性往复式的人工巡检以及采取技术监测、报警等措施。视频记录装置（摄像头）该采用标清的采用标清、该采用高清的采用高清、该采用红外线成像的采用红外线成像。并可根据需要，在有关地段采取红外线防护等其他安全防护措施。

2）高速铁路车站站区监控应实现全覆盖、高清晰、全天候，按照《高速铁路设计规范》规定，综合视频监控系统的重点监视目标和重点治安防范区域等处，宜具有图像内容分析和报警功能。

3）按照《高速铁路设计规范》规定，综合视频监控系统的视频采集点的数量、位置及设备功能应根据工程的实际情况，统筹考虑、合理确定，并符合下列规定：

①视频图像采集设备应设置在通信、信号、牵引供电、电力机房内外，车站咽喉区，公跨铁地点和隧道洞口及其他需要重点监控的区域。根据需要为调度、设备维修、公安等业务部门配置视频显示终端。

②根据使用需求及现场环境照度等条件，选择支持低照度、宽动态功能的摄像机。

③桥梁救援疏散通道、公跨铁地点、隧道洞口以及车站咽喉区等重点监视及治安防范处所，选择具有昼夜监视功能的摄像机。

4）按照《高速铁路设计规范》规定，旅客服务信息系统设计时应在安检区设置高清摄像头，并符合有关技术规定。在旅客进出站集散厅、候车区、售票区、站台、站前广场等处应设置摄像头，并纳入综合视频监控系统。

5）高速铁路沿线等安全防护，应根据需要及时采用图像识别等技术进行安全防护，实现侵入报警等功能。

6）高速铁路沿线等安全防护，可根据需要适时采用移动视频巡查（无人机）等方式进行安全防护。

5. 按照《高速铁路设计规范》规定，车站站台不宜邻靠正线设置；邻靠正线设置时，列车通过速度不应大于 250 km/h。车站站台邻靠正线设置，列车通过速度大于 80 km/h 时，应在距离站台边缘 1.5 m 处设置站台安全标线，必要时在距离站台边缘 1.2 m 处设置安全防护设施（安全门）；列车通过速度不大于 80 km/h 时，应在距离站台边缘 1.0 m 处设置站台安全标线。城际铁路车站站台上的安全门设置应科学合理，不应一概而论，在可不设置安全门时，不宜设置安全门。

6. 高速铁路车站尽头线端部车挡设计。

（1）高速铁路车站尽头线端部车挡和缓冲装置（含高速铁路尽头式车站正线和到发线尽头端车挡和缓冲装置，下同）设计应具有足够的挡车作用，为确保非正常情况下的行车安全，不应安设只适合于短编组、低速度运行动车组等性能的车挡和缓冲装置，而应安设适合于长编组（重联车组）、高速度运行动车组等性能的车挡和缓冲装置，并应对有关车挡和缓冲装置高速铁路上道手续进行认真核实、确认，确保功能、质量、安全等均可信可靠。

（2）高速铁路车站尽头线端部车挡和缓冲装置应具有足够的能量消耗能力和足够强度，以确保具有足够的挡车作用。

（3）高速铁路车站尽头线应具有足够长度，以确保非常情况下动车组列车等具有足够的制动距离。

（4）高速铁路车站尽头线同时设置滑动式车挡（缓冲装置，下同）、固定式车挡时，滑动式车挡应安设在信号机外尽量远离尽头线端部的位置，以便可在其滑动过程中消耗最多的能量，杜绝滑动式车挡安设在靠近尽头线端部位置的问题，使滑动式车挡的安设位置与安设在尽头线端部的固定式车挡的安设位置具有足够的尽量长的距离；同时，须计算动车组等运行动能以及动车组等运行能量消耗、滑动式车挡滑动能量消耗、固定式车挡被冲击能量消耗等情况，确保有足够的能量消耗致使动车组等在固定式车挡前停车。

（5）应通过采取液压缓冲器、减速器、制动器等挡车设备的优化研究、设计、实施以及采取多种有效综合挡车措施，实现高速铁路车站尽头线端部挡车设备在任何情况下的安全、可靠挡车。

（6）按照《铁路技术管理规程（高速铁路部分）》规定，车挡表示器设置在线路终端的车挡上，昼间一个红色方牌；夜间显示一个红色灯光。高速铁路车站尽头线端部车挡宜设置为红色反光贴，既节约建设成本、维护成本、运营成本，又节约资源、能源。

7. 高速铁路安全线尾部车挡设计。

（1）按照《高速铁路设计规范》规定，安全线设计应做到邻靠正线和到发线的安全线宜采用远离相邻正线和到发线的曲线型布置，并应设置双侧护轮轨；安全线的纵坡应设计为平道或面向车挡的上坡道；安全线尾部应设置车挡和缓冲装置，路基地段安全线尾部还应设置止轮土基。

（2）高速铁路安全线尾部车挡和缓冲装置应具有足够的能量消耗能力和足够强度，以确保具有足够的挡车作用。

（3）高速铁路安全线有效长不应小于 50 m 且应具有足够长度，以确保非常情况下动车组列车等具有足够的制动距离。

（4）高速铁路安全线尾部车挡和缓冲装置设置时，缓冲装置应安设在尽量远离安全线尾部的位置，以便可在其滑动过程中消耗最多的能量，杜绝缓冲装置安设在靠近安全线尾部位置的问题，使缓冲装置的安设位置与安设在安全线尾部的车挡的安设位置具有足够的尽量长的距离；同时，须计算动车组等运行动能以及动车组等运行能量消耗、缓冲装置滑动能量消耗、车挡被冲击能量消耗等情况，确保有足够的能量消耗致使动车组等在安全线尾部车挡前停车。

（5）应通过采取液压缓冲器、减速器、制动器等挡车设备的优化研究、设计、实施以及采取多种有效综合挡车措施，实现高速铁路安全线尾部挡车设备在任何情况下的安全、可靠挡车。

（6）按照《铁路技术管理规程（高速铁路部分)》规定，高速铁路安全线可不设置车挡表示器。

第 4 章　高速铁路专业运营设计优化

4.1　高速铁路设计质量后评价

应建立高速铁路运营后对高速铁路设计质量的后评价制度、机制，有关铁路局作为运营单位，负责高速铁路的运营管理、设备维护等日常工作，对高速铁路工程设计、提前介入、联调联试、运行试验、建设与运营衔接以及开通运营以来的建设、运营等方面情况具有全过程的深入了解和全面掌握。在高速铁路开通运营一段时间以后，有关铁路局应结合管内有关高速铁路相关设计情况和实际运营情况，对照高速铁路有关标准规定，根据运营发展实际需要、设备设施运营适用情况以及恶劣天气等非常情况下设备设施可靠性，对有关高速铁路设计质量进行后评价，组织总工程师室、安全监察室、运输处、客运处、货运处、机务处、车辆处、工务处、电务处、供电处、信息化处、土地房产管理处、建设管理处以及有关站段等部门、单位，对高速铁路开通运营以来的有关情况（设计方面存在问题和优化建议）进行全面、细致、客观、及时、正确、科学总结，并及时向设计单位进行意见反馈，且应定期不断进行，以不断提高高速铁路设计质量，实现高速铁路设计质量全面、持续优化和发展。

4.2　高速铁路设计质量的改进

高速铁路开通运营以后，设计单位需结合高速铁路运营单位对高速铁路安全、效率等方面需要，根据运营单位的高速铁路设计质量后评价意见，对高速铁路设计工作进行全面、深入、认真总结，紧密围绕高速铁路运营安全和运营效率等方面需要，在确保高速铁路运营安全的情况下，对高速铁路有关设计进行科学合理优化完善，并纳入今后高速铁路设计，且应定期不断进行，以使高速铁路有关设计更加科学合理、不断优化完善，并通过确保设计源头质量、施工源头质量、产品源头质量，使高速铁路设计、施工、运营真正经得起社会、历史、运营的全方位、长时间检验，并不断提高和发展。

4.3 高速铁路运营设计应注重的总体工作方面

高速铁路运营设计应在线路走向合理的基础上，在科学合理做好轨道设计，尽量减少高速铁路运营过程中的养护维修工作量，保证列车平稳运行；科学合理做好路基、桥涵、隧道工程类型设计，尽量节约土地和减少工程量等；科学合理做好线路全封闭全立交设计，防护栅栏等安防工程齐全完善，方便沿线群众的生产、生活，提高线路的安全保障能力；科学合理做好线路防排水系统设计，做到系统功能完善合理，设备设施完备适用，防水有力，排水顺畅，经受得住雨季的考验，边坡支挡防护工程形式切合实际、安全可靠，确保路基的安全稳定；科学合理做好“四电”工程、站场设备、房屋设施等设计，满足运营使用需要；科学合理做好全线精密测量控制网设计，为持久保持轨道工程的高平顺性、高稳定性提供保障；科学合理做好路基基底加固处理方法设计，路堤、路堑边坡加固防护设计和绿化防护设计；科学合理做好环境保护和水土保持，重视环境绿化美化，全线采用绿色防护，建设绿色通道等情况下，还需对高速铁路细节设计和细部设计、客运设计、系统集成设计、车辆卸污等检修设计、通信信号设计、房屋设计、电力供电设计、设备选型、安全监控、治安消防、节能环保等其他方面，按照有关要求，根据现在运营需要和将来发展需要，进一步做好设计优化工作，并应注重完善和做好各专业间的设计衔接工作。

与此同时，高速铁路车务、机务、工务、电务、车辆、供电等各个专业应做好高速铁路大数据的积累、分析、挖掘、应用、共享等工作和云方法（云储存、云计算，下同）的运用工作，通过大数据、云方法分析发现规律性、倾向性、相关性问题，为高速铁路运营改进、设备维护、问题分析、科学决策、风险防控等提供可靠依据；高速铁路设计应努力做好大数据、云方法运用，充分发挥大数据、云方法全面、即时、决策等巨大作用，为高速铁路运营管理、分析决策、风险防控、应急处理等提供有力支撑，促进高速铁路安全运营、优质运营、高效运营和不断发展。

4.4　200 ~ 250 km/h 高速铁路专业运营设计应注重的具体工作方面

4.4.1　工务专业运营设计应注重的具体工作方面

1. 高速铁路引入铁路枢纽时，小半径曲线钢轨设计若采用普通钢轨，极易磨耗，易产生运营初期即出现钢轨磨耗现象。因此，设计时小半径曲线钢轨宜采用耐磨钢轨。

2. 按照《高速铁路设计规范》规定，高速铁路车站正线及到发线轨道应按一次铺设跨区间无缝线路设计；正线及到发线上的道岔轨型应分别与正线和到发线的轨型相同，其他站线上的道岔轨型不应低于所连接线路的轨型，不同轨型钢轨应采用长度不小于6. 25 m的异型轨连接。但高速铁路车站到发线的道岔若没有冻结或焊接，而区间线路、站内股道均为无缝线路，易造成低温时道岔内轨缝较大，严重时会将螺栓拉断。高速铁路设计时车站到发线宜采用与正线一致的钢轨类型，并应将车站到发线的道岔与车站到发线股道冻结或焊接，形成整体无缝线路。

3. 为节省投资等，高速铁路若在平原地段很多地方没有采用以桥代路的方式，将会产生路桥、路涵结合部过多过密，部分处所存在较大不均匀沉降，致使高速铁路运营后维护工作量较多以及线路封闭性差影响高铁安全等问题。因此，高速铁路设计时应尽量采用以桥代路方式。

4. 应按照有关规定和根据维护、检查、防护等需要，高速铁路桥梁桥墩墩顶需设置围栏和吊篮，以便全面检查支座等；连续梁应设置可下到桥墩的下桥检查通道，以便检查桥墩；桥梁矮墩处所为使闲杂人员自墩台不能进入箱梁内，应设置梁端出入口防护门等；桥梁两端桥台处所设计封闭方案应能真正起到预防闲杂人员进入的作用等。在高速铁路设计时，应充分考虑高速铁路运营维护和检查设备、安全防护等需要，完善相关设计。

5. 高速铁路精测控制网的CPⅠ、CPⅡ、水准基点等桩点布设位置不宜设在道路中间、田边地头、房屋周边等易遭受损坏处所，应尽量布设在附近构筑物上，以便安装稳固可靠、不易被损坏，以利于后期复测。

6. 因高速铁路线路公里标、曲线标、坡度标等线路标志标记均设置在临近的接触网立柱上，致使设置在接触网立柱上的线路公里标、曲线标、坡度标等线路标志标记不是完全准确，故可在有砟轨道的轨枕顶面对应处、无砟轨道的轨道板对应处印制以上线路标志标记。

7. 高速铁路隧道进出口的边坡、仰坡宜设置防洪等检查通道，以便于防洪等检查工作。

8. 在高速铁路新线排水设计时，应充分考虑周边地形地貌等对路基排水的影响，应对周边地形地貌、地界红线外的排水等情况予以充分考虑，应根据线路平纵断面及工程类型，结合地形、地质、水文、气象、城镇规划等条件进行系统设计，形成完善、畅通的排水系统。路基防排水工程应做到系统规划、设施完整，并与桥涵、隧道、轨道、站场等排水设施有效衔接，形成完整的排水系统；路基设计应符合防灾减灾要求，提高路基抵抗连续强降雨、洪水及地震等自然灾害的能力；路基工程应做好接口设计，合理设置电缆槽、电缆过轨、接触网支柱基础、声屏障基础及综合接地等相关工程，避免因相关工程影响路基防排水系统、路基强度及稳定；排水设施设置应符合有关规定，以使高速铁路新线科学、及时、通畅排水。同时，应注重做好高速铁路两线之间排水设计，避免因两线之间积水导致路基质量恶化问题发生。

9. 高速铁路路基上接线井排水管排水不应直接冲刷路基边坡，应设置为排水槽。

10. 高速铁路路基上接线井（供电、信号、通信）井底标高应高于电缆槽槽底标高，以使接线井可通过电缆槽排水，避免接线井内长期积水变味，以利于工作。

11. 高速铁路隧道设计宜设置信息化监控量测设备等，以满足高速铁路运营后隧道安全监控、检查维护等需要。

12. 高速铁路隧道设计时，应按照《铁路桥隧建筑物修理规则》规定，隧道避车洞内应沿洞壁设置高 1.2 m 的钢制扶手。

13. 高速铁路跨越既有通行道路的桥涵，应按照国家标准和有关规定设置限高、限宽标志等，桥涵下静空小于5 m的，应同时设置限高防护架。

14. 上跨道路的高速铁路立交桥（涵）上跨道路段路肩外侧应设置挡砟网或挡砟墙，以保持道砟，防止道砟掉落到道路上，以利于桥（涵）下通过的车辆和行人的安全。

15. 高速铁路设计时，应禁止使用金属含量过高的道砟，以防止产生轨道电路干扰（串码）问题。

4.4.2 信号专业运营设计应注重的具体工作方面

1. 高速铁路桥梁区段采用的电缆槽设计标准应科学合理，不可偏低，应采用不易老化、损坏的材料，以利于高速铁路运营后减少运营维护和确保运营安全。

2. 按照《高速铁路设计规范》规定，站场专业应根据信号专业要求设置信号电缆槽，预埋过轨管材、手孔等，电缆过轨应采用预埋管道方式并集中防护。在高速铁路无砟轨道设计中，若电容引线、电源线等直接固定在轨枕上，高于整体道床表面，易被动车组车体坠落的冰雪或异物打伤、打断，因此，宜在整体道床上预留电容引线、电源线等过轨管道或凹槽，以使电容引线、电源线等低于整体道床表面不易被损伤、损坏。在高速铁路有砟轨道设计中，宜采取电容枕等方式，以避免上述情况的发生。

3. 为避免发生高速铁路应答器、应答器尾缆被动车组车体坠落的冰雪等击打损坏等问题，应科学合理确定应答器、应答器尾缆安装位置，或对应答器采取防损保护、应答器尾缆入槽等防护设施，或改进应答器外形形式、增加设备自身以及安装固定的强度等，使之不易被动车组车体坠落的冰雪等击打损坏等。

4. 高速铁路轨旁设备（如调谐匹配单元等）若紧邻钢轨，易发生被动车组车体坠落的冰雪等击打损坏等问题。应尽量加大轨旁设备与钢轨间的距离，安设牢固可靠，并根据需要采取相应防护措施。

5. 为避免高速铁路因轨道电路分路不良发生问题，应采取计轴等措施予以解决。

6. 高速铁路桥梁地段设置的轨道电路调谐区标志牌若设计安装在防撞墙内侧，被冰雪击打等后容易脱落。因此，应将高速铁路桥梁地段设置的轨道电路调谐区标志牌设置在防撞墙外侧的桥梁栏杆上。

7. 高速铁路应加强对桥梁地段敷设在电缆沟内的贯通地线的监测，设计时应考虑贯通地线的防盗及监测手段，并宜对桥头处所电缆沟盖板实施沟缝密封处理。

8. 按照《铁路工程设计防火规范》规定，当电力电缆与通信光电缆、信号电缆同沟、同井敷设时，应分别布置在两侧，并加设不导电、不燃烧的隔板，其间距不宜小于 0. 1 m。按照《高速铁路设计规范》规定，信号电缆槽宜与通信光电缆槽合设。10 kV 贯通线电力电缆与通信信号光电缆并行敷设时，两者之间应设实体隔断，10 kV 贯通线电力电缆与通信信号光电缆允许的最小间距为 100 mm；其他电力电缆与通信信号光电缆并行敷设时，允许的最小间距应按电力系统接地短路电流和平行长度计算确定，或采取其他屏蔽措施。27. 5 kV 专用电缆在桥上或路基上局部水平敷设时，可与电力电缆同槽敷设，但应采取隔离措施。电缆槽内的贯通地线与电缆之间应采取物理隔离措施。

在高速铁路设计和施工时，高速铁路电力电缆与通信信号光电缆等可同沟（含同槽、同井，下同）敷设的，防护必须按规、彻底、到位；

其他不可同沟敷设的，须避免同沟敷设问题，须设置各自的电缆沟。

9. 高速铁路如未设通信、信号专业结合部监测设备，运营后将会给日常检查维修带来困难。因此，宜对高速铁路通信基站设备和信号车载设备增设无线通信监测设备，以利于通信、信号系统设备的日常检查维修。

10. 高速铁路无人值守的车站信号联锁系统、列控中心系统（中继站）、电源系统应考虑设置远程重启功能，以利于一般故障的快速恢复，避免从值班工区人工去恢复时间过长问题。

11. 高速铁路设计中宜统筹考虑设置道岔融雪系统及有关电缆通道。按照《高速铁路设计规范》规定，在我国零度等温线（秦岭—淮河）以北地区，且20年年平均降雪日在10 d及以上区域的车站及动车段（所）接、发动车组列车进路上的道岔应设置道岔融雪系统；道岔融雪系统宜采用电加热方式，并按寒冷等级配置加热条功率；道岔融雪系统控制终端宜设置于车站，也可设置远程控制终端。但对于设置在长大桥梁上的道岔，因人工扫雪人员来去路程、上下桥梁耗时费力且不安全，故宜统筹考虑设置道岔融雪系统及有关电缆通道。

12. 高速铁路在设计阶段应充分考虑有关非安装设备的科学、合理、适用配置，以利于高速铁路的开通和运营。

13. 高速铁路设计应统筹考虑、科学合理设置去往区间的维修通道（道路）。

14. 高速铁路均是按照综合维修方式进行设计，信号微机监测、列控、CTC等维护终端设计若只设置到维修工区，而不设置到管辖电务段、铁路局电务处，则不利于现场管理。因此，应根据高速铁路运营管理需要，完善维护终端及通信通道设计，维护终端除应设置到维修工区外，还应设置到管辖电务段、铁路局电务处，并考虑通信通道需求。

4.4.3　通信专业运营设计应注重的具体工作方面

1. 高速铁路防灾监控单元房间应设计空调，或与通信机房合设。

2. 为更好地满足高速铁路现场使用和维护要求，对高速铁路视频监控系统的组网结构、安装处所、功能及硬件配置等方案，应在设计阶段充分考虑高速铁路运营单位用户需求及专业部门意见。

3. 高速铁路隧道内直放站洞室应设置封闭门，封闭门应具有良好的耐候性能和防腐性能，以使设备防尘、防潮、防鼠等；隧道内安装的 UPS 设备不应为室内机型，容易短路，应为室外机型。

4. 高速铁路中继站、基站、直放站等站点，动力环境监测系统网络管理应实现空调远动控制功能、对所有站点蓄电池应可实施监控且能发出控制指令。在高速铁路设计阶段，应充分考虑功能的完善。

5. 宜在高速铁路所有通信设备网络管理中心增设集中告警箱，以利于对高速铁路现场设备的集中管控。

6. 高速铁路基站、直放站选址应合理，避免选址在两座山峰之间的坳凹处，以防止设备等易被水冲刷等；避免选址在紧邻山体或处在山坡、山脚处，以防止发生塌方时无法抵御。铁塔基础应避免选址在水坑边，应防止基础环水、被水浸等问题。

4.4.4　供电专业运营设计应注重的具体工作方面

1. 高速铁路各变电所加强线应安装隔离开关，以使变电所加强线故障时能及时切除电源。

2. 高速铁路隧道内接触网补偿装置底板不可过薄，以免底板容易变形；滑轮应可侧向移动或加大槽深槽宽等，以使坠砣串在列车风作用下不易被卡滞。为确保高速铁路供电设备的良好使用，在高速铁路设计时，应充分征求运营维护管理单位意见并完善有关设计。

3. 高速铁路桥梁区段电力电缆槽若设置为玻璃纤维增强塑料（玻璃钢）材质，日晒雨淋等后，极易发生变形、粉化、朽坏、断裂等问题，大风恶劣天气可能会把电缆槽盖板刮到线路上，危及行车安全。因此，设计时高速铁路桥梁区段电力电缆槽采用的设计标准应科学合理，不可偏低，桥梁区段电力电缆槽应设置为不易老化、损坏的耐久性材质，以利于高速铁路运营后减少运营维护和确保运营安全。

4. 应保证高速铁路车站的 10 kV 一级贯通电源和综合贯通电源的独立性，一条高速铁路车站的 10 kV 一级贯通电源和综合贯通电源不应取自另一条高速铁路的 10 kV 一级贯通电源和综合贯通电源，否则，一旦另一条高速铁路的 10 kV 一级贯通电源和综合贯通电源停电，则会影响该条高速铁路的信号、通信等一级负荷供电。因此，所有高速铁路车站的 10 kV 一级贯通电源和综合贯通电源均应为独立的电源，并应保证其可靠性。

5. 高速铁路牵引供电系统应具备足够的抗风、雨、雪、冰等自然灾害的能力。对易覆冰气候区域，经技术经济比较，接触网宜设置融冰装置；对大风地区应采取相应的抗风措施。

6. 高速铁路电分相位置不应设置在长大上坡道、临近车站等不利位置，电分相应设置在坡度平缓、不临近车站等有利位置的区段。

7. 高速铁路接触网支柱若未设置架空避雷线，雷雨季节因雷击易造成绝缘闪络致使接触网跳闸，因此，在高速铁路设计时，接触网支柱应设置架空避雷线。

8. 高速铁路接触网支柱及其他结构应设置为不易于搭建鸟窝的形式；对易于搭建鸟窝的接触网支柱及其他结构形式，应改进为不易于搭建鸟窝的形式或科学有效设置防鸟害设施（驱鸟装置）。

9. 按照《高速铁路设计规范》规定，桥梁设计应预留设置电缆槽道、电缆上下桥设备、接触网支柱等设施的条件。在高速铁路设计时，各专业之间应充分沟通，以避免产生电缆上桥孔位置与接触网支柱位置不对应等问题，使电缆上桥孔位置设置等更加科学合理。

10. 高速铁路 GIS 开关柜开关钥匙配置应符合《牵引变电所安全工作规程》有关规定，不可相互通用。在设备招标时，应在招标文件技术规格书中特别说明，以使高速铁路 GIS 开关柜开关钥匙不可相互通用。

11. 若高速铁路无人值守所的空调环境控制设备不能远动控制，停电后则需要人工当地启动，费时费力。因此，高速铁路无人值守所的空调环境控制设备应可远动控制。

12. 按照《高速铁路设计规范》规定，10 kV 贯通线电力电缆槽的最小宽度不宜小于 200 mm；路基地段应预埋电力电缆过轨管，电力电缆过轨处路基两侧应设置电缆手孔井，并符合电力电缆弯曲半径要求。在高速铁路设计和施工时，应避免线路两侧电力电缆槽宽度小导致电缆无法蛇形敷设、电缆预留长度不够以及电缆井尺寸小等问题，应科学合理设置线路两侧电力电缆槽宽度，以使电缆可蛇形敷设；且应充分预留电缆长度，以使电缆预留长度足够；并科学合理设置电缆井尺寸。

13. 若高速铁路电力配电所开关容量与该所下一级信号、通信专业的开关容量不相匹配，将有时产生电力配电所开关顶跳（跳闸）问题。因此，在高速铁路设计时，相关设计专业应充分做好沟通，使高速铁路电力配电所开关容量与该所下一级信号、通信专业的开关容量相匹配。

14. 对有砟高速铁路，为便于运营后有砟道床养护维修，接触网吊弦应设计为螺栓可调式整体吊弦，避免设计为不可调式的用维修方便弦压接式整体吊弦。

15. 在高速铁路设计、施工中，应避免变电所、电力配电所内不同回路电缆、甚至高低压电缆相互交错盘杂现象。应对不同回路电缆、高低压电缆进行物理隔离，该分槽的分槽、该分隔的分隔、该分层的分层、该分置的分置。

16. 高速铁路电力电缆与信号电缆、通信电缆等应做到尽量分槽设置，不能分槽设置的一定要按规做到物理隔离。

17. 高速铁路变电所电缆夹层应设置防护栏。

18. 接触网系统设计宜设置视频监视、传感器检测等系统设备，对接触网分相、线岔区、上网点电缆、长度不小于 3 km 的隧道口、局界口、动车组出入段（所）等关键设备状态进行安全监测和故障预判，并纳入铁路供电维修监视。

4.4.5 信息专业运营设计应注重的具体工作方面

1. 按照《高速铁路设计规范》规定，高速铁路信息系统设计应遵循统一规划、统一标准、资源共享的原则，符合安全、可靠、先进、可扩展的要求；高速铁路应设置运营调度管理系统、客票系统、旅客服务信息系统、动车组管理系统、办公系统、公安管理系统、建设项目管理系统等和公共基础平台（包括网络基础平台、信息共享平台、信息安全平台）。高速铁路客票系统、办公系统等信息系统设计应细致，有关车间和班组办公系统等应设计到位；对新线各站接入所属站段信息主机房及铁路局信息主机房配套的设备设施容量、数量应考虑充分。设计中应充分征求、考虑使用单位意见，完善有关设计。

2. 按照《高速铁路设计规范》规定，高速铁路网络基础平台应包括广域网和局域网，网络带宽及服务质量应符合信息传送的要求。在高速铁路设计时，网络带宽等均应考虑近期迅速发展需要和将来长远发展需要。

3. 按照《高速铁路设计规范》规定，铁路局宜设置高速铁路信息共享平台，可包括公用基础编码、运输基础信息、铁路空间信息等公用基础信息，实现数据库级和应用级共享；高速铁路信息共享平台应利用统一、规范的共享机制、接口和协议；高速铁路信息系统之间接口设计应符合各信息系统的独立性与安全性要求，可采用接口服务器、协议转换设备等专用接口设备。在高速铁路设计时，应注重各专业之间及时而全面的数据共享（如旅客服务信息系统共享 CTC 系统列车到开时刻等）和各专业大数据在日常运营中广泛而深度的应用，努力做到有利运营、有利维护、有利安全。

4. 按照《高速铁路设计规范》规定，高速铁路信息系统应按国家及铁路行业有关信息系统安全等级划分进行安全设计，信息系统安全设计应包括环境安全、数据安全、网络与系统安全。应统筹机房位置与布局，设置机房出入控制、入侵报警、管线安全防护等措施保障高速铁路信息系统运行环境安全。应通过数据存储、本地数据备份或异地数据备份等措施保障高速铁路信息系统数据安全。宜采用信息系统通过身份认证和访问授权技术，实行分等级、分权限的访问控制，并部署病毒防护、入侵监测、内容过滤和日志审计等多种安全防范措施；不同安全域信息系统之间采用防火墙和虚拟专网等技术实施隔离和保护；内网信息系统与外网互联采用动态物理隔离和访问代理机制实施隔离等措施，保障高速铁路信息系统网络及系统安全。在高速铁路设计时，应高度重视信息安全平台设计，确保高速铁路信息系统各项安全。

5. 按照《高速铁路设计规范》规定，高速铁路信息机房应设置电源及环境监控系统和设备监控系统，对电源、环境以及系统、设备进行监控，监控内容应符合相关技术标准的规定，电源及环境监控系统和设备监控系统宜与综合视频监控系统实现告警联动。在电源及环境监控系统等设计上，在将电源及环境监控系统等设置在铁路局通信段的同时，应考虑铁路局车务站段对信息机房和信息设备房间环境监控等实际需要，为铁路局车务站段合理设置电源及环境监控系统等复示终端。同时，对有关信息机房应做好安全防护设施设计，对重要信息机房应避免只采用玻璃隔断防护设施，确保高速铁路信息机房防护设施安全可靠。

6. 按照《高速铁路设计规范》规定，高速铁路各信息系统宜合设机房，根据维护要求配置相应的维护用房。但在高速铁路信息机房设计时，不应将车站的公安信息系统机房与车站信息系统主机房合设、将公安网络等后台设备置于车站信息系统主机房内，因公安信息系统设备、车站信息系统设备分属不同的单位管理维护，将二者机房合设，实际中存在安全隐患，不利于日常管理，故高速铁路公安信息系统机房与车站信息系统主机房应分设。

7. 在高速铁路信息机房设计时，机房装修、空调、电源、监控、管线等配套设施应采用集成化设计。

8. 按照《高速铁路设计规范》规定，单体建筑物面积超过 100 m^2，且信息点数超过 24 个的车站站房、段（所）等建筑物内应设置综合布线系统。在高速铁路信息网络配线房间的设计上，为充分考虑综合布线系统设备设施、网络设备对信息网络配线房间环境的要求，高速铁路信息网络配线房间应设置空调、防静电地板、吊顶等。

9. 应做好高速铁路信息系统接口设计协调工作，信息专业应与房建、暖通、电力、通信等专业进行协调，相关专业应按信息系统要求设置机房、通风、空调、消防及电力设施等，满足有关功能实际运营需要。

10. 高速铁路各车站信息系统设备所用的电源插座和网络插座，应做到集约设置，左右对称，高低整齐，科学美观，满足需要，避免电源插座与网络插座间距过大致使电脑连接使用极为不便、同一处所的UPS电源插座与照明插座距地面高度不一致、售票窗口电源插座和网络插座数量不足等问题。

11. 在高速铁路设计时，应确保高速铁路信息系统良好的运行环境，高速铁路信息系统办公生产房屋可设置门禁系统等辅助设施，重点部位应设置周界安全防范设施。

12. 新建高速铁路在铁路局调度所增设行车调度台时，设计时应在行车调度台同步增设运输调度综合管理系统（TDMS）等设备，与铁路局调度运营现状一致，以满足行车调度台的工作需要。

13. 高速铁路客票系统、运输调度综合管理系统（TDMS）、办公系统等信息系统设备属于行车一类设备，设计时应充分考虑以上设备备品备件和运行维护工器具等需求，以满足高速铁路信息系统运行维护的需要。

4.4.6　房建专业运营设计应注重的具体工作方面

1. 高速铁路设计应充分考虑相应的生产生活用房及配套设施需要，

做到科学设置、数量够用、面积合理、功能齐全、建设及时、满足需要。在高速铁路开通运营时，综合维修车间（工区）内生产办公用房应满足工务、供电等专业的车间、班组生产办公（值班）用房需要；站房内生产办公用房应满足车站、公安和通信、信号等专业生产办公（值班）用房需要；有关宿舍应满足高速铁路运营需要。

2. 在高速铁路设计时，宜考虑到达区间变电所、配电所和通信基站、中继站等处所生产所需的维修通道（维修便道）。

3. 在高速铁路设计时，沿线区间牵引变电所等有人值守的生产房屋应设置厨房、卫生间、通水（给水排水）、通电等生产后勤保障设施条件，以满足值守人员的需要。

4. 在高速铁路设计时，供电系统的变电所、配电所对外的室外门均应设置为防盗门；所亭值守室、卫生间、储藏室、低压设备室、通信室地板应按防滑进行设计。

5. 考虑到设备隔热通风、维修方便及后续维护成本等，高速铁路基站、中继站设计不宜采用箱式机房，宜采用砖混结构、坡屋顶的普通机房，且机房的设计应统筹考虑防雷、综合布线、接地和对设备安装空间的需求，并同步考虑基站、中继站地面的硬面化、绿化及电话、安防设施设置，同时按有关防洪标准做好设计。

6. 在高速铁路设计时，应做好高速铁路变电所、配电所地面的硬面化、绿化及电话、安防设施设置，同时按有关防洪标准做好设计。变电所亭等电缆沟排水若采用 PVC 管直接引出院外排水方式，特别是在地势较低的处所，雨季将存在雨水倒灌进电缆沟或电缆夹层的风险，存在防洪隐患问题，设计单位、施工单位应根据变电所亭等实际环境情况，有针对性地具体做好院外排水通路，增加或预留机械排水设施。

7. 在高速铁路设计时，高速铁路通信、信号机械室空调设计不应采用民用空调和一路电源，应采用工业级空调，并采用双路电源。同时，为保证通信、信号机械室的消防安全，通信、信号机械室的照明应采用冷光源照明。

8. 在高速铁路设计时，为满足高速铁路运营后站台卫生清理等需要，宜在高速铁路车站站台的合适位置科学合理设置给水设备设施，基本站台可设置在花坛、墙角等隐蔽处等合适处所；有天桥的站台可设置在天桥下的隐蔽处等合适处所；有地道的站台可设置在地道背面栏杆的垃圾箱、工具箱附近隐蔽处等合适处所；以上站台的给水设备设施也可设置在站台两端的站台面下面等合适处所。

9. 在高速铁路设计时，配备有洗地机等较大型保洁设备的高速铁路车站，应充分考虑车站保洁机具用房，满足设备停放和充电等需要，以便对其进行统一管理。

10. 在高速铁路设计时，高速铁路候车厅检票口防护栏若设置为 1.20 m 高，存在人员较容易翻越等问题。应适当增加候车厅检票口防护栏高度。

11. 在高速铁路设计时，高速铁路沿线车站出站口防护栏不应设置太矮，并应在出站口采取设门封闭措施，以利于高速铁路车站站内管理。

12. 在高速铁路设计时，高速铁路车站应尽量减小电（扶）梯与楼梯之间空隙，做到装饰之后电（扶）梯与楼梯之间不留空隙，电（扶）梯坡度与楼梯坡度一致，电（扶）梯、楼梯与楼地面衔接处严禁出现错台；离地空间较高的电（扶）梯和楼梯，均须设置可靠的安全防护设施，安全防护设施不应仅靠安装的玻璃，还应设置足够高度、密度和强度的防护栏杆，并注意做好美观等设计。

13. 在高速铁路设计时，须认真做好车站站房等系统集成工作，以避免对站房等美观及各使用功能等带来不良影响。设计时各专业需充分沟通、整体考虑、研究确定并认真做好全线车站站房等灯具、开关、电源插座、网线接口、风口、配电箱（柜）、广播、信息屏幕、监视探头以及消防器材箱（栓）、管道、各类管线等系统集成（工程集成）工作；同时，站房候车厅内结构柱两侧及旅客服务等适当处所应科学、合理、美观地设置一定数量的电源、通信、网络及给排水等设备设施条件。以上设备设施均应按对称性、标准化安设，逐处设置到位，避免未系统集成设置、凌乱设置问题，以达到整齐美观和满足高速铁路运营后客运服务及商业服务等使用需要，更加方便旅客、方便使用。

14. 在高速铁路综合布线设计和施工时，各专业之间应做好工作对接和工作衔接；设备房间应设置电源。

15. 在高速铁路设计时，高速铁路车站站房内贵宾室等有关处所宜设置空调、照明等备用电源，以利于高速铁路运营后集中空调、正常照明设备故障或效果不佳时，使用分体空调、备用照明设备。

16. 在高速铁路设计和施工时，设计单位、施工单位应会同建设单位以及有关铁路局房地产处、客运处、总工程师室等，研究制定好车站站房屋顶、雨棚棚顶检修以及电线路、灯具检修、更换解决办法等，确保高速铁路运营后车站站房、雨棚不漏雨，两路电源（正常电源、应急电源）完好，车站站房屋顶、雨棚棚顶以及电线路、灯具易于检修维护。

4.4.7 客服系统专业运营设计应注重的具体工作方面

1. 城际铁路车站站台安全门的线槽若设置在车站站台帽下部，维修时因需要维修人员在股道里，需要施工要点才能进行，则不利于城际铁路运营后维护。宜将城际铁路车站站台安全门的线槽设置在车站站台上安全门的下方位置，以利于城际铁路运营后维护。

2. 高速铁路车站售票终端数量应综合考虑旅客日发送量、高峰客流量、设备处理能力、售票建筑空间布局、站内外售票比例、自动售票和窗口售票分担比例等因素确定，若高速铁路各站人工售票窗口设置较多，则需要配备较多的售票人员等。应根据互联网网上购票逐年增加的发展趋势，适当减少车站人工售票窗口设置数量，适当增加车站自动售票设备设置数量；同时，根据自动售票设备也可像自助银行一样设置于城市街区等处所，以及电子支付、无纸化应用的发展，车站自动售票设备设置数量也应设置适量。

高速铁路车站检票终端数量应综合考虑旅客日发送量、高峰客流量、设备处理能力、检票模式、到发线与站台布局、候乘空间布局等因素确定，应根据自动检票需求逐年增加的发展趋势，以及电子支付、无纸化应用的发展，适当增加车站自动检票设备设置数量。

3. 高速铁路车站站房无论大小，车站饮水处均不应直接设置在候车厅内一侧，否则，常因地面有水给旅客行走带来一定的安全隐患。因此，高速铁路所有车站均应设置独立饮水间，地面应设置排水设施，同时，应做好饮水台设置高度和排水措施、防溅水措施等设计，确保合理适用。

4. 高速铁路车站站房无论大小，应做好盥洗池、便池设置高度和给水充足、防溅水措施等设计，确保合理适用。同时，厕所蹲便池数量一定要满足早晨等高峰期使用需要，做到能力充足，且应合理设置坐便池数量，坐便池数量不可过多、应适量。

5. 在高速铁路设计时，旅客服务系统可一并考虑采取设置 CTC 复示终端及客调命令接收设备等方法，以便旅客服务平台对列车运行情况及时掌握，及时处理有关工作。

6. 在高速铁路设计时，车站售票窗口对讲设备应设置录音功能，以利于售票工作管理，提高服务质量，妥善解决纠纷。

7. 若高速铁路车站电子显示屏与商业电子广告屏未在设计时同步考虑，将会导致后期又需设计、施工设置商业电子广告屏问题。因此，在高速铁路车站电子显示屏设计时，应统筹考虑，充分预留商业开发条件，高速铁路车站电子显示屏应独设的独设，可合设的合设。

8. 高速铁路车站应将静态标识与电子显示屏同步设计，做到统筹科学设计、实现系统集成，以避免两者结合部布点和施工的不协调，实现高速铁路车站静态标识与电子显示屏同步设计与同步施工。

9. 高速铁路车站站内房间布局和房间大小设计应科学合理。中、小型车站综控室可与综合值班室合设（无综合值班室的，可与客运值班室合设）；同时，应根据车站工作需要等，对其他有关房间布局和房间大小等进行科学合理设计（如：票据室应对进款室开门；票据室、进款室、售票室均应设置两道防盗门，且应在两道防盗门内设置卫生间等）。

10. 在高速铁路设计时，若未对旅客服务系统与综合视频系统接口技术方案的具体内容进行明确，将会给后续施工和运营后使用、维护带来不便。因此，在高速铁路设计时，应对旅客服务系统与综合视频系统接口技术方案的具体内容进行明确。

11. 在高速铁路设计时，为方便高速铁路旅客更好地及时全面掌握高速铁路列车有关信息等，高速铁路车站应适当增加 PDP 点位并丰富有关信息内容。

4.4.8　给排水专业运营设计应注重的具体工作方面

1. 按照《铁路旅客车站建筑细部设计和施工规定》规定，高速铁路车站电（扶）梯基坑应设集水井，并安装机械排水或自动排水装置。高速铁路车站站台上等垂直电梯电梯井应设置积水的排水设备设施。

2. 按照《高速铁路设计规范》规定，站场排水系统应结合桥涵设置、铁路排水管网、城市排水系统综合设计；动车段（所、场）的选址宜避开工程地质和水文地质不良的地段，并应有良好的排水条件。在高速铁路有关车站、动车段（所）等设计时，需注重设计地面标高，以使高速铁路有关车站、动车段（所）等排水通畅，避免雨季等积水。

4.5　300～350 km/h 高速铁路专业运营设计应注重的具体工作方面

4.5.1　工务专业运营设计应注重的具体工作方面

1. 高速铁路引入铁路枢纽时，小半径曲线钢轨设计若采用普通钢轨，极易磨耗，易产生运营初期即出现钢轨磨耗现象。因此，设计时小半径曲线钢轨宜采用耐磨钢轨。

2. 应按照有关规定和根据维护、检查、防护等需要，高速铁路桥梁桥墩墩顶需设置围栏和吊篮，以便全面检查支座等；连续梁应设置可下到桥墩的下桥检查通道，以便检查桥墩；桥梁矮墩处所为使闲杂人员自墩台不能进入箱梁内，应设置梁端出入口防护门等；桥梁两端桥台处所设计封闭方案应能真正起到预防闲杂人员进入的作用等。在高速铁路设计时，应充分考虑高速铁路运营维护和检查设备、安全防护等需要，完善相关设计。

3. 高速铁路精测控制网的 CPⅠ、CPⅡ、水准基点等桩点布设位置不宜设在道路中间、田边地头、房屋周边等易遭受损坏处所，应尽量布设在附近构筑物上，以便安装稳固可靠、不易被损坏，以利于后期复测。

4. 因高速铁路线路公里标、曲线标、坡度标等线路标志标记均设置在临近的接触网立柱上，致使设置在接触网立柱上的线路公里标、曲线标、坡度标等线路标志标记不是完全准确，故可在无砟轨道的轨道板对应处、有砟轨道的轨枕顶面对应处印制以上线路标志标记。

5. 高速铁路隧道进出口的边坡、仰坡宜设置防洪等检查通道，以便于防洪等检查工作。

6. 在高速铁路新线排水设计时，应充分考虑周边地形地貌等对路基排水的影响，应对周边地形地貌、地界红线外的排水等情况予以充分考虑，应根据线路平纵断面及工程类型，结合地形、地质、水文、气象、城镇规划等条件进行系统设计，形成完善、畅通的排水系统。路基防排水工程应做到系统规划、设施完整，并与桥涵、隧道、轨道、站场等排水设施有效衔接，形成完整的排水系统；路基设计应符合防灾减灾要求，提高路基抵抗连续强降雨、洪水及地震等自然灾害的能力；路基工程应做好接口设计，合理设置电缆槽、电缆过轨、接触网支柱基础、声屏障基础及综合接地等相关工程，避免因相关工程影响路基防排水系统、路基强度及稳定；排水设施设置应符合有关规定，以使高速铁路新线科学、及时、通畅排水。同时，应注重做好高速铁路两线之间排水设计，避免因两线之间积水导致路基质量恶化问题发生。

7. 高速铁路路基上接线井排水管排水不应直接冲刷路基边坡，应设置为排水槽。

8. 高速铁路路基上接线井（供电、信号、通信）井底标高应高于电缆槽槽底标高，以使接线井可通过电缆槽排水，避免接线井内长期积水变味，以利于工作。

9. 高速铁路隧道设计宜设置信息化监控量测设备等，以满足高速铁路运营后隧道安全监控、检查维护等需要。

10. 高速铁路隧道设计时，应按照《铁路桥隧建筑物修理规则》规定，隧道避车洞内应沿洞壁设置高 1.2 m 的钢制扶手。

11. 高速铁路跨越既有通行道路的桥涵，应按照国家标准和有关规定设置限高、限宽标志等，桥涵下净空小于 5 m 的，应同时设置限高防护架。

4.5.2　信号专业运营设计应注重的具体工作方面

1. 高速铁路桥梁区段采用的电缆槽设计标准应科学合理，不可偏低，应采用不易老化、损坏的材料，以利于高速铁路运营后减少运营维护和确保运营安全。

2. 按照《高速铁路设计规范》规定，站场专业应根据信号专业要求设置信号电缆槽，预埋过轨管材、手孔等，电缆过轨应采用预埋管道方式并集中防护。在高速铁路无砟轨道设计中，若电容引线、电源线等直接固定在轨枕上，高于整体道床表面，易被动车组车体坠落的冰雪或异物打伤、打断，因此，宜在整体道床上预留电容引线、电源线等过轨管道或凹槽，以使电容引线、电源线等低于整体道床表面不易被损伤、损坏。在高速铁路有砟轨道设计中，宜采取电容枕等方式，以避免上述情况的发生。

3. 为避免发生高速铁路应答器、应答器尾缆被动车组车体坠落的冰雪等击打损坏等问题，应科学合理确定应答器、应答器尾缆安装位置，或对应答器采取防损保护、应答器尾缆入槽等防护设施，或改进应答器外形形式、增加设备自身以及安装固定的强度等，使之不易被动车组车体坠落的冰雪等击打损坏等。

4. 高速铁路轨旁设备（如调谐匹配单元等）若紧邻钢轨，易发生被动车组车体坠落的冰雪等击打损坏等问题。应尽量加大轨旁设备与钢轨间的距离，安设牢固可靠，并根据需要采取相应防护措施。

5. 为避免高速铁路因轨道电路分路不良发生问题，应采取计轴等措施予以解决。

6. 高速铁路桥梁地段设置的轨道电路调谐区标志牌若设计安装在防撞墙内侧，被冰雪击打等后容易脱落。因此，应将高速铁路桥梁地段设置的轨道电路调谐区标志牌设置在防撞墙外侧的桥梁栏杆上。

7. 高速铁路应加强对桥梁地段敷设在电缆沟内的贯通地线的监测，设计时应考虑贯通地线的防盗及监测手段，并宜对桥头处所电缆沟盖板实施沟缝密封处理。

8. 按照《铁路工程设计防火规范》规定，当电力电缆与通信光电缆、信号电缆同沟、同井敷设时，应分别布置在两侧，并加设不导电、不燃烧的隔板，其间距不宜小于0.1 m。按照《高速铁路设计规范》规定，信号电缆槽宜与通信光电缆槽合设。10 kV 贯通线电力电缆与通信信号光电缆并行敷设时，两者之间应设实体隔断，10 kV 贯通线电力电缆与通信信号光电缆允许的最小间距为100 mm；其他电力电缆与通信信号光电缆并行敷设时，允许的最小间距应按电力系统接地短路电流和平行长度计算确定，或采取其他屏蔽措施。27.5 kV 专用电缆在桥上或路基上局部水平敷设时，可与电力电缆同槽敷设，但应采取隔离措施。电缆槽内的贯通地线与电缆之间应采取物理隔离措施。

在高速铁路设计和施工时，高速铁路电力电缆与通信信号光电缆等可同沟（含同槽、同井，下同）敷设的，防护必须按规、彻底、到位；其他不可同沟敷设的，须避免同沟敷设问题，须设置各自的电缆沟。

9. 高速铁路如未设通信、信号专业结合部监测设备，运营后将会给日常检查维修带来困难。因此，宜对高速铁路通信基站设备和信号车载设备增设无线通信监测设备，以利于通信、信号系统设备的日常检查维修。

10. 高速铁路无人值守的车站信号联锁系统、列控中心系统（中继站）、电源系统应考虑设置远程重启功能，以利于一般故障的快速恢复，避免从值班工区人工去恢复时间过长问题。

11. 高速铁路设计中宜统筹考虑设置道岔融雪系统及有关电缆通道。按照《高速铁路设计规范》规定，在我国零度等温线（秦岭—淮河）以北地区，且 20 年年平均降雪日在 10 d 及以上区域的车站及动车段（所）接、发动车组列车进路上的道岔应设置道岔融雪系统；道岔融雪系统宜采用电加热方式，并按寒冷等级配置加热条功率；道岔融雪系统控制终端宜设置于车站，也可设置远程控制终端。但对于设置在长大桥梁上的道岔，因人工扫雪人员来去路程、上下桥梁耗时费力且不安全，故宜统筹考虑设置道岔融雪系统及有关电缆通道。

12. 高速铁路在设计阶段应充分考虑有关非安装设备的科学、合理、适用配置，以利于高速铁路的开通和运营。

13. 高速铁路设计应统筹考虑、科学合理设置去往区间的维修通道（道路）。

14. 高速铁路均是按照综合维修方式进行设计，信号微机监测、列控、CTC 等维护终端设计若只设置到维修工区，而不设置到管辖电务段、铁路局电务处，则不利于现场管理。因此，应根据高速铁路运营管理需要，完善维护终端及通信通道设计，维护终端除应设置到维修工区外，还应设置到管辖电务段、铁路局电务处，并考虑通信通道需求。

15. 按照《高速铁路设计规范》规定，车站的扼流变压器、横向连接线及吸上线的设置应符合回流畅通的要求；在保证轨道电路正常工作的情况下，在绝缘节处应采用扼流变压器中间连接板的方式沟通牵引回流；尽量减少钢轨牵引回流的切断点，钢轨牵引回流切断点应设置在钢轨回流较小的位置。在高速铁路大站，若未设计安装牵引供电完全横向连接线以及吸上线、吸上线回流线，在高速铁路大站密集发车情况下，易导致站内发车因回流不畅烧损扼流变压器以及钢轨绝缘打火花等问题的发生。因此，在高速铁路大站设计中，应充分考虑设计安装牵引供电完全横向连接线以及吸上线、吸上线回流线。

4.5.3　通信专业运营设计应注重的具体工作方面

1. 为更好地满足高速铁路现场使用和维护要求，对高速铁路视频监控系统的组网结构、安装处所、功能及硬件配置等方案，应在设计阶段充分考虑高速铁路运营单位用户需求及专业部门意见。

2. 宜在高速铁路所有通信设备网络管理中心增设集中告警箱，以利于对高速铁路现场设备的集中管控。

3. 高速铁路基站、直放站选址应合理，避免选址在两座山峰之间的坳凹处，以防止设备等易被水冲刷等；避免选址在紧邻山体或处在山坡、山脚处，以防止发生塌方时无法抵御。铁塔基础应避免选址在水坑边，应防止基础环水、被水浸等问题。

4.5.4　供电专业运营设计应注重的具体工作方面

1. 高速铁路各变电所加强线应安装隔离开关，以使变电所加强线故障时能及时切除电源。

2. 高速铁路桥梁区段电力电缆槽若设置为玻璃纤维增强塑料（玻璃钢）材质，日晒雨淋等后，极易发生变形、粉化、朽坏、断裂等问题，大风恶劣天气可能会把电缆槽盖板刮到线路上，危及行车安全。因此，设计时高速铁路桥梁区段电力电缆槽采用的设计标准应科学合理，不可偏低，桥梁区段电力电缆槽应设置为不易老化、损坏的耐久性材质，以利于高速铁路运营后减少运营维护和确保运营安全。

3. 高速铁路有关大型桥梁正馈线设计安装应充分考虑大型桥梁特殊的环境，设计时应留足正馈线绝缘间距，应通过科学合理设计，避免与承力索多次交叉后导致正馈线对梁底或承力索绝缘间距不满足要求的问题。

4. 高速铁路车站的 10 kV 一级贯通电源和综合贯通电源不可取自地方供电部门的同一路电源，须取自两路外源电源，并应保证其可靠性。

5. 高速铁路牵引供电系统应具备足够的抗风、雨、雪、冰等自然灾害的能力。对易覆冰气候区域，经技术经济比较，接触网宜设置融冰装置；对大风地区应采取相应的抗风措施。

6. 高速铁路电分相位置不应设置在长大上坡道、临近车站等不利位置，电分相应设置在坡度平缓、不临近车站等有利位置的区段。

7. 高速铁路接触网支柱若未设置架空避雷线，雷雨季节因雷击易造成绝缘闪络致使接触网跳闸，因此，在高速铁路设计时，接触网支柱应设置架空避雷线。

8. 高速铁路接触网支柱及其他结构应设置为不易于搭建鸟窝的形式；对易于搭建鸟窝的接触网支柱及其他结构形式，应改进为不易于搭建鸟窝的形式或科学有效设置防鸟害设施（驱鸟装置）。

9. 按照《高速铁路设计规范》规定，桥梁设计应预留设置电缆槽道、电缆上下桥设备、接触网支柱等设施的条件。在高速铁路设计时，各专业之间应充分沟通，以避免产生电缆上桥孔位置与接触网支柱位置不对应等问题，使电缆上桥孔位置设置等更加科学合理。

10. 高速铁路 GIS 开关柜开关钥匙配置应不可相互通用。在设备招标时，应在招标文件技术规格书中特别说明，以使高速铁路 GIS 开关柜开关钥匙不可相互通用。

11. 若高速铁路无人值守所的空调环境控制设备不能远动控制，停电后则需要人工当地启动，费时费力。因此，高速铁路无人值守所的空调环境控制设备应可远动控制。

12. 按照《高速铁路设计规范》规定，10 kV 贯通线电力电缆槽的最小宽度不宜小于 200 mm；路基地段应预埋电力电缆过轨管，电力电缆过轨处路基两侧应设置电缆手孔井，并符合电力电缆弯曲半径要求。在高速铁路设计和施工时，应避免线路两侧电力电缆槽宽度小导致电缆无法蛇形敷设、电缆预留长度不够以及电缆井尺寸小等问题，应科学合理设置线路两侧电力电缆槽宽度，以使电缆可蛇形敷设；且应充分预留电缆长度，以使电缆预留长度足够；并科学合理设置电缆井尺寸。

13. 若高速铁路电力配电所开关容量与该所下一级信号、通信专业的开关容量不相匹配，将有时产生电力配电所开关顶跳（跳闸）问题。因此，在高速铁路设计时，相关设计专业应充分做好沟通，使高速铁路电力配电所开关容量与该所下一级信号、通信专业的开关容量相匹配。

14. 在高速铁路设计、施工中，应避免变电所、电力配电所内不同回路电缆、甚至高低压电缆相互交错盘杂现象。应对不同回路电缆、高低压电缆进行物理隔离，该分槽的分槽、该分隔的分隔、该分层的分层、该分置的分置。

15. 高速铁路电力电缆与信号电缆、通信电缆等应做到尽量分槽设置，不能分槽设置的一定要按规做到物理隔离。

16. 高速铁路变电所电缆夹层应设置防护栏。

17. 接触网系统设计宜设置视频监视、传感器检测等系统设备，对接触网分相、线岔区、上网点电缆、长度不小于 3 km 的隧道口、局界口、动车组出入段（所）等关键设备状态进行安全监测和故障预判，并纳入铁路供电维修监视。

18. 接触网平面布置按照《高速铁路设计规范》规定，锚段关节宜采用五跨或四跨形式，设计速度为 300 km/h、350 km/h 时宜采用五跨形式。若在动车段（动车所）n 条联络线采用 n 组五跨绝缘锚段关节，则会由于动车段（动车所）网压低，相邻大型车站网压高，两单元压差较大，动车组过关节时速度较低，易造成受电弓、接触线被电弧灼伤等问题。因此，动车段（动车所）n 条联络线宜采用 n 组三跨绝缘锚段关节，以减少受电弓、接触线被电弧灼伤等问题的发生。

19. 若高速铁路接触网长腕臂采用的是内套管加强方案，设计时应采取切实可行的可靠措施，避免发生内套管从长腕臂内滑脱故障，以确保设备正常使用和高速铁路安全。

4.5.5 信息专业运营设计应注重的具体工作方面

1. 按照《高速铁路设计规范》规定，高速铁路信息系统设计应遵循统一规划、统一标准、资源共享的原则，符合安全、可靠、先进、可扩展的要求；高速铁路应设置运营调度管理系统、客票系统、旅客服务信息系统、动车组管理系统、办公系统、公安管理系统、建设项目管理系统等和公共基础平台（包括网络基础平台、信息共享平台、信息安全平台）。高速铁路客票系统、办公系统等信息系统设计应细致，有关车间和班组办公系统等应设计到位；对新线各站接入所属站段信息主机房及铁路局信息主机房配套的设备设施容量、数量应考虑充分。设计中应充分征求、考虑使用单位意见，完善有关设计。

2. 按照《高速铁路设计规范》规定，高速铁路网络基础平台应包括广域网和局域网，网络带宽及服务质量应符合信息传送的要求。在高速铁路设计时，网络带宽等均应考虑近期迅速发展需要和将来长远发展需要。

3. 按照《高速铁路设计规范》规定，铁路局宜设置高速铁路信息共享平台，可包括公用基础编码、运输基础信息、铁路空间信息等公用基础信息，实现数据库级和应用级共享；高速铁路信息共享平台应利用统一、规范的共享机制、接口和协议；高速铁路信息系统之间接口设计应符合各信息系统的独立性与安全性要求，可采用接口服务器、协议转换设备等专用接口设备。在高速铁路设计时，应注重各专业之间及时而全面的数据共享（如旅客服务信息系统共享 CTC 系统列车到开时刻等）和各专业大数据在日常运营中广泛而深度的应用，努力做到有利运营、有利维护、有利安全。

4. 按照《高速铁路设计规范》规定，高速铁路信息系统应按国家及铁路行业有关信息系统安全等级划分进行安全设计，信息系统安全设计应包括环境安全、数据安全、网络与系统安全。应统筹机房位置与布局，设置机房出入控制、入侵报警、管线安全防护等措施保障高速铁路信息系统运行环境安全。应通过数据存储、本地数据备份或异地数据备份等措施保障高速铁路信息系统数据安全。宜采用信息系统通过身份认证和访问授权技术，实行分等级、分权限的访问控制，并部署病毒防护、入侵监测、内容过滤和日志审计等多种安全防范措施；不同安全域信息系统之间采用防火墙和虚拟专网等技术实施隔离和保护；内网信息系统与外网互联采用动态物理隔离和访问代理机制实施隔离等措施，保障高速铁路信息系统网络及系统安全。在高速铁路设计时，应高度重视信息安全平台设计，确保高速铁路信息系统各项安全。

5. 按照《高速铁路设计规范》规定，高速铁路信息机房应设置电源及环境监控系统和设备监控系统，对电源、环境以及系统、设备进行监控，监控内容应符合相关技术标准的规定，电源及环境监控系统和设备监控系统宜与综合视频监控系统实现告警联动。在电源及环境监控系统等设计上，在将电源及环境监控系统等设置在铁路局通信段的同时，应考虑铁路局车务站段对信息机房和信息设备房间环境监控等实际需要，为铁路局车务站段合理设置电源及环境监控系统等复示终端。同时，对有关信息机房应做好安全防护设施设计，对重要信息机房应避免只采用玻璃隔断防护设施，确保高速铁路信息机房防护设施安全可靠。

6. 按照《高速铁路设计规范》规定，高速铁路各信息系统宜合设机房，根据维护要求配置相应的维护用房。但在高速铁路信息机房设计时，不应将车站的公安信息系统机房与车站信息系统主机房合设、将公安网络等后台设备置于车站信息系统主机房内，因公安信息系统设备、车站信息系统设备分属不同的单位管理维护，将二者机房合设，实际中存在安全隐患，不利于日常管理，故高速铁路公安信息系统机房与车站信息系统主机房应分设。

7. 在高速铁路信息机房设计时，机房装修、空调、电源、监控、管线等配套设施应采用集成化设计。

8. 按照《高速铁路设计规范》规定，单体建筑物面积超过 100 m^2，且信息点数超过 24 个的车站站房、段（所）等建筑物内应设置综合布线系统。在高速铁路信息网络配线房间的设计上，为充分考虑综合布线系统设备设施、网络设备对信息网络配线房间环境的要求，高速铁路信息网络配线房间应设置空调、防静电地板、吊顶等。

9. 应做好高速铁路信息系统接口设计协调工作，信息专业应与房建、暖通、电力、通信等专业进行协调，相关专业应按信息系统要求设置机房、通风、空调、消防及电力设施等，满足有关功能实际运营需要。

10. 高速铁路各车站信息系统设备所用的电源插座和网络插座，应做到集约设置，左右对称，高低整齐，科学美观，满足需要，避免电源插座与网络插座间距过大致使电脑连接使用极为不便、同一处所的 UPS 电源插座与照明插座距地面高度不一致、售票窗口电源插座和网络插座数量不足等问题。

11. 在高速铁路设计时，应确保高速铁路信息系统良好的运行环境，高速铁路信息系统办公生产房屋可设置门禁系统等辅助设施，重点部位应设置周界安全防范设施。

12. 新建高速铁路在铁路局调度所增设行车调度台时，设计时应在行车调度台同步增设运输调度综合管理系统（TDMS）等设备，与铁路局调度运营现状一致，以满足行车调度台的工作需要。

13. 高速铁路客票系统、运输调度综合管理系统（TDMS）、办公系统等信息系统设备属于行车一类设备，设计时应充分考虑以上设备备品备件和运行维护工器具等需求，以满足高速铁路信息系统运行维护的需要。

4.5.6　房建专业运营设计应注重的具体工作方面

1. 高速铁路设计应充分考虑相应的生产生活用房及配套设施需要，做到科学设置、数量够用、面积合理、功能齐全、建设及时、满足需要。在高速铁路开通运营时，综合维修车间（工区）内生产办公用房应满足工务、供电等专业的车间、班组生产办公（值班）用房需要；站房内生产办公用房应满足车站、公安和通信、信号等专业生产办公（值班）用房需要；有关宿舍应满足高速铁路运营需要。

2. 在高速铁路设计时，宜考虑到达区间变电所、配电所和通信基站、中继站等处所生产所需的维修通道（维修便道）。

3. 在高速铁路设计时，沿线区间牵引变电所等有人值守的生产房屋应设置厨房、卫生间、通水（给水排水）、通电等生产后勤保障设施条件，以满足值守人员的需要。

4. 在高速铁路设计时，供电系统的变电所、配电所对外的室外门均应设置为防盗门；所亭值守室、卫生间、储藏室、低压设备室、通信室地板应按防滑进行设计。

5. 考虑到设备隔热通风、维修方便及后续维护成本等，高速铁路基站、中继站设计不宜采用箱式机房，宜采用砖混结构、坡屋顶的普通机房，且机房的设计应统筹考虑防雷、综合布线、接地和对设备安装空间的需求，并同步考虑基站、中继站地面的硬面化、绿化及电话、安防设施设置，同时按有关防洪标准做好设计。

6. 在高速铁路设计时，应做好高速铁路变电所、配电所地面的硬面化、绿化及电话、安防设施设置，同时按有关防洪标准做好设计。变电所亭等电缆沟排水若采用 PVC 管直接引出院外排水方式，特别是在地势较低的处所，雨季将存在雨水倒灌进电缆沟或电缆夹层的风险，存在防洪隐患问题，设计单位、施工单位应根据变电所亭等实际环境情况，有针对性地具体做好院外排水通路，增加或预留机械排水设施。

7. 在高速铁路设计时，高速铁路通信、信号机械室空调设计不应采用民用空调和一路电源，应采用工业级空调，并采用双路电源。同时，为保证通信、信号机械室的消防安全，通信、信号机械室的照明应采用冷光源照明。

8. 在高速铁路设计时，为满足高速铁路运营后站台卫生清理等需要，宜在高速铁路车站站台的合适位置科学合理设置给水设备设施，基本站台可设置在花坛、墙角等隐蔽处等合适处所；有天桥的站台可设置在天桥下的隐蔽处等合适处所；有地道的站台可设置在地道背面栏杆的垃圾箱、工具箱附近隐蔽处等合适处所；以上站台的给水设备设施也可设置在站台两端的站台面下面等合适处所。

9. 在高速铁路设计时，配备有洗地机等较大型保洁设备的高速铁路车站，应充分考虑车站保洁机具用房，满足设备停放和充电等需要，以便对其进行统一管理。

10. 在高速铁路设计时，高速铁路候车厅检票口防护栏若设置为 1. 20 m 高，存在人员较容易翻越等问题。应适当增加候车厅检票口防护栏高度。

11. 在高速铁路设计时，高速铁路沿线车站出站口防护栏不应设置太矮，并应在出站口采取设门封闭措施，以利于高速铁路车站站内管理。

12. 在高速铁路设计时，高速铁路车站应尽量减小电（扶）梯与楼梯之间空隙，做到装饰之后电（扶）梯与楼梯之间不留空隙，电（扶）梯坡度与楼梯坡度一致，电（扶）梯、楼梯与楼地面衔接处严禁出现错台；离地空间较高的电（扶）梯和楼梯，均须设置可靠的安全防护设施，安全防护设施不应仅靠安装的玻璃，还应设置足够高度、密度和强度的防护栏杆，并注意做好美观等设计。

13. 在高速铁路设计时，须认真做好车站站房等系统集成工作，以避免对站房等美观及各使用功能等带来不良影响。设计时各专业需充分沟通、整体考虑、研究确定并认真做好全线车站站房等灯具、开关、电源插座、网线接口、风口、配电箱（柜）、广播、信息屏幕、监视探头以及消防器材箱（栓）、管道、各类管线等系统集成（工程集成）工作；同时，站房候车厅内结构柱两侧及旅客服务等适当处所应科学、合理、美观地设置一定数量的电源、通信、网络及给排水等设备设施条件。以上设备设施均应按对称性、标准化安设，逐处设置到位，避免未系统集成设置、凌乱设置问题，以达到整齐美观和满足高速铁路运营后客运服务及商业服务等使用需要，更加方便旅客、方便使用。

14. 在高速铁路综合布线设计和施工时，各专业之间应做好工作对接和工作衔接；设备房间应设置电源。

15. 在高速铁路设计时，高速铁路车站站房内贵宾室等有关处所宜设置空调、照明等备用电源，以利于高速铁路运营后集中空调、正常照明设备故障或效果不佳时，使用分体空调、备用照明设备。

16. 在高速铁路设计和施工时，设计单位、施工单位应会同建设单位以及有关铁路局房地产处、客运处、总工程师室等，研究制定好车站站房屋顶、雨棚棚顶检修以及电线路、灯具检修、更换解决办法等，确保高速铁路运营后车站站房、雨棚不漏雨，两路电源（正常电源、应急电源）完好，车站站房屋顶、雨棚棚顶以及电线路、灯具易于检修维护。

4.5.7 客服系统专业运营设计应注重的具体工作方面

1. 高速铁路车站售票终端数量应综合考虑旅客日发送量、高峰客流量、设备处理能力、售票建筑空间布局、站内外售票比例、自动售票和窗口售票分担比例等因素确定，若高速铁路各站人工售票窗口设置较多，则需要配备较多的售票人员等。应根据互联网网上购票逐年增加的发展趋势，适当减少车站人工售票窗口设置数量，适当增加车站自动售票设备设置数量；同时，根据自动售票设备也可像自助银行一样设置于城市街区等处所，以及电子支付、无纸化应用的发展，车站自动售票设备设置数量也应设置适量。

高速铁路车站检票终端数量应综合考虑旅客日发送量、高峰客流量、设备处理能力、检票模式、到发线与站台布局、候乘空间布局等因素确定，应根据自动检票需求逐年增加的发展趋势，以及电子支付、无纸化应用的发展，适当增加车站自动检票设备设置数量。

2. 高速铁路车站站房无论大小，车站饮水处均不应直接设置在候车厅内一侧，否则，常因地面有水给旅客行走带来一定的安全隐患。因此，高速铁路所有车站均应设置独立饮水间，地面应设置排水设施，同时，应做好饮水台设置高度和排水措施、防溅水措施等设计，确保合理适用。

3. 高速铁路车站站房无论大小，应做好盥洗池、便池设置高度和给水充足、防溅水措施等设计，确保合理适用。同时，厕所蹲便池数量一定要满足早晨等高峰期使用需要，做到能力充足，且应合理设置坐便池数量，坐便池数量不可过多、应适量。

4. 在高速铁路设计时，旅客服务系统可一并考虑采取设置 CTC 复示终端及客调命令接收设备等方法，以便旅客服务平台对列车运行情况及时掌握，及时处理有关工作。

5. 在高速铁路设计时，车站售票窗口对讲设备应设置录音功能，以利于售票工作管理，提高服务质量，妥善解决纠纷。

6. 若高速铁路车站电子显示屏与商业电子广告屏未在设计时同步考虑，将会导致后期又需设计、施工设置商业电子广告屏问题。因此，在高速铁路车站电子显示屏设计时，应统筹考虑，充分预留商业开发条件，高速铁路车站电子显示屏应独设的独设，可合设的合设。

7. 高速铁路车站应将静态标识与电子显示屏同步设计，做到统筹科学设计、实现系统集成，以避免两者结合部布点和施工的不协调，实现高速铁路车站静态标识与电子显示屏同步设计与同步施工。

8. 高速铁路车站站内房间布局和房间大小设计应科学合理。中、小型车站综控室可与综合值班室合设（无综合值班室的，可与客运值班室合设）；同时，应根据车站工作需要等，对其他有关房间布局和房间大小等进行科学合理设计（如：票据室应对进款室开门；票据室、进款室、售票室均应设置两道防盗门，且应在两道防盗门内设置卫生间等）。

9. 在高速铁路设计时，若未对旅客服务系统与综合视频系统接口技术方案的具体内容进行明确，将会给后续施工和运营后使用、维护带来不便。因此，在高速铁路设计时，应对旅客服务系统与综合视频系统接口技术方案的具体内容进行明确。

10. 在高速铁路设计时，为方便高速铁路旅客更好地及时全面掌握高速铁路列车有关信息等，高速铁路车站应适当增加 PDP 点位并丰富有关信息内容。

4.5.8 给排水专业运营设计应注重的具体工作方面

1. 按照《铁路旅客车站建筑细部设计和施工规定》规定，高速铁路车站电（扶）梯基坑应设集水井，并安装机械排水或自动排水装置。高速铁路车站站台上等垂直电梯电梯井应设置积水的排水设备设施。

2. 按照《高速铁路设计规范》规定，站场排水系统应结合桥涵设置、铁路排水管网、城市排水系统综合设计；动车段（所、场）的选址宜避开工程地质和水文地质不良的地段，并应有良好的排水条件。在高速铁路有关车站、动车段（所）等设计时，需注重设计地面标高，以使高速铁路有关车站、动车段（所）等排水通畅，避免雨季等积水。

4.6　高速铁路动车组设计应注重的具体工作方面

1. 高速铁路动车组司机驾驶室内关键操纵按钮等，不应集中设置于一处，应科学合理设置，做到既防止误碰、误动，又方便、适用。对容易误碰、误动的关键操纵按钮等，应具有防误碰、误动措施，可设置防误盖帽以防止误碰、误动。

2. 高速铁路有关车型动车组司机驾驶室内前视窗（前方玻璃）下面的台面应设置为黑色等深颜色，不应设置为白色等浅颜色，以避免光线照射后反射到司机驾驶室前视窗（前方玻璃）上，形成白色等影像遮挡视线，影响司机瞭望。

3. 高速铁路有关车型动车组司机驾驶室前视窗（前方玻璃）前面司机视觉正前方范围内不宜设置摄像机等有关设备，需设置的摄像机等有关设备可设置在动车组司机驾驶室前视窗（前方玻璃）前面的左侧尽量靠边位置或右侧尽量靠边位置等，以避免影响司机瞭望。

4. 高速铁路有关车型动车组司机驾驶室前视窗（前方玻璃）的雨刷等（雨刷设置位置、车头雨水汇水导流等）应改进设计，以使有关车型动车组时速超过 100 km 左右后，车头雨水的汇水不会被空气反复吹至雨刷已刷过的前视窗（前方玻璃）表面，避免产生刷雨效果不佳问题。

5. 高速铁路有关车型动车组车厢内所有座位前后的脚踏板（图 4-1），因其占用旅客空间、增加列车荷载且造成旅客不方便等，故均应取消所有座位前后的脚踏板设置。

6. 高速铁路有关车型动车组车厢内座椅靠背顶部设置的手把手（图 4-2）作用不大，应取消。

图 4-1　有关车型动车组车厢内座位前后的脚踏板设计实例

图 4-2　有关车型动车组车厢内座椅靠背顶部设置的手把手设计实例

7. 高速铁路有关车型动车组车厢内行李架不应设置为有孔型（图 4-3），应设置为封闭型，以避免行李架及行李的灰尘等掉落于旅客身上。

图4-3 有关车型动车组车厢内行李架设置为有孔型设计实例

8. 高速铁路有关车型动车组车窗窗台应设置为平面形式（图4-4），以有利于旅客放置水杯等合适物品，方便旅客。

9. 高速铁路有关车型动车组整车气密性、有关处所工艺细节生产厂家需认真精细做好。

10. 高速铁路有关车型动车组车厢应出厂时直接设置视频记录装置（摄像头）。

11. 高速铁路有关车型动车组餐车餐桌等已进行了很好设计，运营中不需增设搬上搬下物品（如每个餐桌不需增设桌布、盆景、商品价格牌等），既增加值乘人员工作量，又增加交付、接收、运输、洗涤、购置、储存等成本，确需增设的物品，应以随车进出库形式进行设置

（如每个餐桌可增设透明塑料桌布、商品价格表放置在透明塑料桌布下等，并随车进出库）。

图 4-4　有关车型动车组车窗窗台设置为平面形式设计实例

12. 高速铁路有关车型动车组 ATP 软件版本更换不应过于频繁。

13. 高速铁路有关车型动车组除基于通过轨道电路等信息采集实现列车占用检查、列车定位等外，还应通过卫星定位等其他可靠方式对列车进行定位，并使本次列车司机知道前行列车、后续列车位置等情况，以更加有利于高速铁路安全。

14. 高速铁路有关车型动车组应做好走行部失稳检测、报警等工作状态检测、运行故障诊断、导向安全决策等功能设计和应用，以更加有利于高速铁路安全。

15. 应做好高速铁路动车段（动车所）远程应急处理设计，实现随车机械师与高速铁路动车段（动车所）实时信息交互等功能，远程指导随车机械师处理动车组突发故障，以确保高速铁路安全、降低故障影响。

4.7　高速铁路设计与施工、运营的结合方面

在进行高速铁路有关设计时，设计人员应充分考虑施工过程简易，满足高速铁路运营需要和发展需要等；在进行高速铁路有关施工时，施工人员应充分理解设计意图，完善设计细节，满足高速铁路运营需要和发展需要等；在进行有关高速铁路运营时，有关铁路局等应及时与设计单位、施工单位沟通交流，以不断提高高速铁路设计质量、施工质量，不断满足高速铁路运营需要和发展需要等。

在高速铁路设计阶段，高速铁路设计应正确贯彻执行国家有关方针和铁路技术政策，真正紧密围绕高速铁路安全运营、优质运营，科学合理地采用国家工程建设和铁路有关标准、规范等，做到确保安全、以人为本、服务运营、满足需要、系统优化、科学合理、持续发展。

在高速铁路建设阶段，设计单位应就设计情况及时与有关铁路局、施工单位等进行技术等沟通交流，及时、广泛、深入地征求有关铁路局、施工单位等意见；有关铁路局、施工单位等在提前介入、建设与运营衔接等过程中，应与设计单位共同进行细致研究，设计单位应将有关铁路局、施工单位等对设计的科学合理的优化、细化意见及时纳入设计之中，并共同做好工程落实。

在高速铁路运营阶段，设计单位应及时与有关铁路局等进行细致对接，就高速铁路设计质量进行高速铁路设计质量后评价工作，以使设计单位举一反三、触类旁通地对高速铁路各类设计不断进行优化、完善和发展。铁路局有关部门、单位等应不断根据运营需要、发展需要和有关规定，按照工作分工对高速铁路有关设计应注重的工作方面及时、合理提出意见，并努力与设计单位等在今后的高速铁路工程中共同做好落实。

第 5 章　高速铁路动车组制动距离模型建立及优化

5.1　问题的提出

现有高速铁路动车组制动距离是由动车组车载计算机通过对各种行车条件的综合计算得出，通过速度—目标曲线（制动曲线）对动车组进行制动控制并在动车组 DMI 上显示。

原《列车运行监控装置（LKJ）运用维护规则》（铁运〔2009〕98 号）中对 CRH 系列动车组的 LKJ 制动距离采用公式计算，有关参数取值均为动车组运行速度小于或等于 200 km/h 情况下的取值，而对动车组运行速度超过 200 km/h 情况下，有关参数未给取值，制动距离无法计算；《列车运行监控装置（LKJ）运用维护规则》（铁总运〔2014〕107 号）中对 CRH 系列动车组运行速度小于或等于 200 km/h 情况下的 LKJ 制动距离和运行速度超过 200 km/h 情况下的制动距离均未作具体明确。《铁路技术管理规程（高速铁路部分）》（铁总科技〔2014〕172 号）中只给出了旅客列车（动车组列车除外）最高运行速度小于或等于 160 km/h 时在任何线路上的紧急制动距离限值。

随着高速铁路的不断相继建成，高速铁路联调联试及运行试验工作必须在正式运营之前保质保量完成。如在高速铁路联调联试等期间，需要使用动车组进行某高速铁路区段各项联调联试项目试验等时，动车组初始上线后，动车组在某具体制动级位各速度等级制动距离往往采用现场实测的方法进行确定，不仅麻烦耗时、增加磨耗，而且缺乏理性、不能正确及时指导现场实践，也不利于高速铁路联调联试等安全。因此，需要找出动车组在某具体制动级位各速度等级制动距离的规律，以便更加科学合理指导现场实践。如何计算任何情况下的动车组制动距离，本章将通过采取建立某型动车组制动距离数学模型来作以研究，根据高速铁路线路等具体情况，通过有关实测数据，运用回归分析等方法，进行某型动车组在高速铁路上某具体制动级位制动距离数学模型的初步建立、详细验证、安全修正和最终建立，计算出动车组制动距离，来正确、及时、科学服务于高速铁路联调联试等工作，方便适用。

5.2 某型动车组在高速铁路上制动距离数学模型的建立

1. 某型动车组某具体制动级位在某高速铁路区段 10 km 制动距离范围内各速度等级的实测制动距离情况，详见表 5-1。

表 5-1 某型动车组某具体制动级位在某高速铁路区段各速度等级的实测制动距离情况表

制动距离（m）	4 100	4 400	4 900	5 300	6 000	6 400	6 900	7 600	7 800	9 100
速度等级（km/h）	260	270	280	290	300	310	320	330	340	350
制动始点距终点距离（km）	6	6	6	6	6	8	8	8	10	10

2. 某型动车组在某高速铁路区段实测制动距离所处坡段长度（m）、换算坡度（‰）情况，如图 5-1 所示。

3. 某型动车组在制动初始速度为 260 km/h、270 km/h、280 km/h、290 km/h、300 km/h、310 km/h、320 km/h、330 km/h、340 km/h、350 km/h 时制动区段分别平均换算坡度计算。

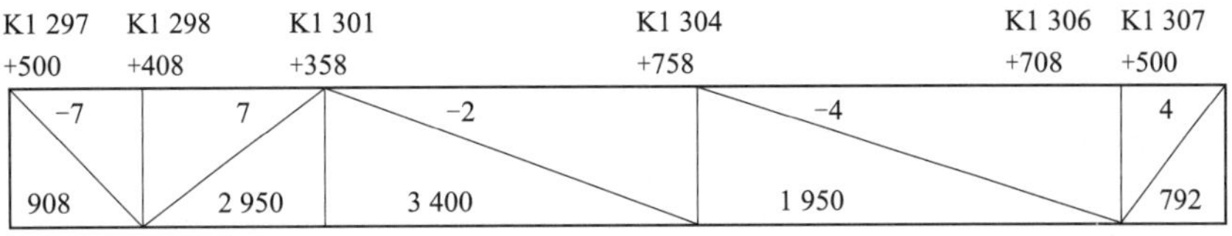

图 5-1　某型动车组在某高速铁路区段实测制动距离所处坡段长度（m）、换算坡度（‰）情况

根据以上某型动车组某具体制动级位在某高速铁路区段各速度等级的制动距离情况（表 5-1）和某型动车组在某高速铁路区段实测制动距离所处坡段长度、换算坡度情况（图 5-1），可计算出：

动车组在制动初始速度为 260 km/h 时制动区段平均换算坡度 = $[3\ 258\times(-2‰)+842\times(-4‰)]\div4\ 100\approx-2.410\ 7‰$。

动车组在制动初始速度为 270 km/h 时制动区段平均换算坡度 = $[3\ 258\times(-2‰)+1\ 142\times(-4‰)]\div4\ 400\approx-2.519\ 1‰$。

动车组在制动初始速度为 280 km/h 时制动区段平均换算坡度 = $[3\ 258\times(-2‰)+1\ 642\times(-4‰)]\div4\ 900\approx-2.670\ 2‰$。

动车组在制动初始速度为 290 km/h 时制动区段平均换算坡度 = $[3\ 258\times(-2‰)+1\ 950\times(-4‰)+92\times4‰]\div5\ 300\approx-2.631\ 7‰$。

动车组在制动初始速度为 300 km/h 时制动区段平均换算坡度 = $[3\ 258\times(-2‰)+1\ 950\times(-4‰)+792\times4‰]\div6\ 000\approx-1.858\ 0‰$。

动车组在制动初始速度为 310 km/h 时制动区段平均换算坡度 = $[1\ 858\times7‰+3\ 400\times(-2‰)+1\ 142\times(-4‰)]\div6\ 400\approx0.255\ 9‰$。

动车组在制动初始速度为 320 km/h 时制动区段平均换算坡度 = $[1\ 858\times7‰+3\ 400\times(-2‰)+1\ 642\times(-4‰)]\div6\ 900\approx-0.052\ 5‰$。

动车组在制动初始速度为 330 km/h 时制动区段平均换算坡度 = $[1\ 858\times7‰+3\ 400\times(-2‰)+1\ 950\times(-4‰)+392\times4‰]\div7\ 600\approx$

-0.003 4‰。

动车组在制动初始速度为 340 km/h 时制动区段平均换算坡度 = [908 × (-7‰) + 2950 × 7‰ + 3 400 × (-2‰) + 542 × (-4‰)] ÷ 7 800≈0.682 8‰。

动车组在制动初始速度为350 km/h 时制动区段平均换算坡度 = [908 × (-7‰) +2 950 ×7‰ +3 400 × (-2‰) +1 842 × (-4‰)] ÷9 100≈ 0.013 9‰。

4. 某型动车组在高速铁路上制动距离数学模型的建立。

根据上述 1、2、3 情况，可得某型动车组各制动距离相应的制动初始时速、制动区段平均换算坡度情况，详见表 5-2。

表 5-2　某型动车组各制动距离相应的制动初始时速、制动区段平均换算坡度情况表

制动距离（m）	时速（km）	换算坡度（‰）
4 100	260	-2.410 7
4 400	270	-2.519 1
4 900	280	-2.670 2
5 300	290	-2.631 7
6 000	300	-1.858 0
6 400	310	0.255 9
6 900	320	-0.052 5
7 600	330	-0.003 4
7 800	340	0.682 8
9 100	350	0.013 9

根据表 5-2 的翔实数据，以“制动距离”数据为因变量 Y 值输入数据，以“时速”数据和“换算坡度”数据为自变量 X 值输入数据，运

用 Excel 工具数据分析中的回归分析工具，进行基于二元线性回归的分析预测，经过计算机运算，生成的回归模型的输出结果—有关回归分析表（表 5-3）、回归模型的输出结果—有关回归分析图（图 5-2）。

表 5-3　回归模型的输出结果—有关回归分析表

SUMMARY OUTPUT

回归统计	
Multiple R	0. 991715282
R Square	0. 983499201
Adjusted R Square	0. 978784688
标准误差	235. 9877012
观测值	10

方差分析

	df	SS	MS	F	Significance F
回归分析	2	23235168. 63	11617584. 32	208. 6109465	5. 77122E-07
残差	7	389831. 366	55690. 19514		
总计	9	23625000			

	Coefficients	标准误差	t Stat	P-value
Intercept	-11200. 43483	1808. 126546	-6. 194497202	0. 000447647
时速（km）	56. 86971062	5. 532355705	10. 27947472	1. 78343E-05
换算坡度（‰）	-93. 96327099	119. 5359348	-0. 786067145	0. 457607092

Lower 95%	Upper 95%	下限 95. 0%	上限 95. 0%
-15475. 97471	-6924. 894949	-15475. 97471	-6924. 894949
43. 78776816	69. 95165308	43. 78776816	69. 95165308
-376. 6208412	188. 6942993	-376. 6208412	188. 6942993

RESIDUAL OUTPUT

观测值	预测制动距离（m）	残差	标准残差
1	3812. 20719	287. 7928097	1. 382810932
2	4391. 089915	8. 910084964	0. 04281192
3	4973. 984871	-73. 98487148	-0. 35548869
4	5539. 064392	-239. 0643917	-1. 148676559
5	6035. 062115	-35. 06211518	-0. 16846938
6	6405. 130263	-5. 130262836	-0. 024650315
7	7002. 805642	-102. 8056418	-0. 493969135
8	7566. 889151	33. 1108486	0. 159093771
9	8071. 108661	-271. 108661	-1. 30264554
10	8702. 657799	397. 3422008	1. 909182996

PROBABILITY OUTPUT

百分比排位	制动距离（m）
5	4 100
15	4 400
25	4 900
35	5 300
45	6 000
55	6 400
65	6 900
75	7 600
85	7 800
95	9 100

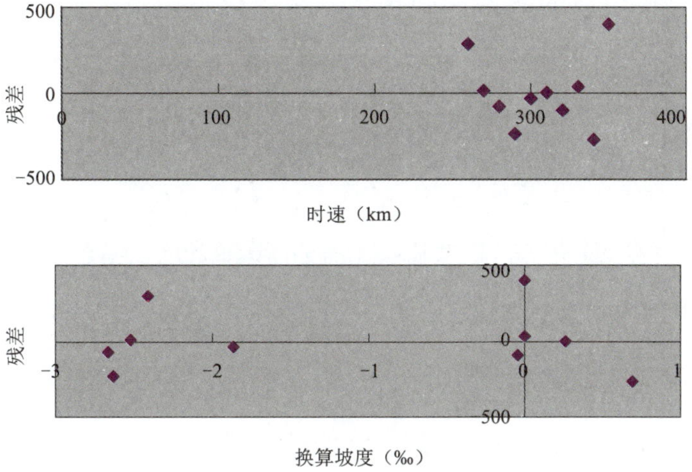

（a）自变量的回归残差值的散点图

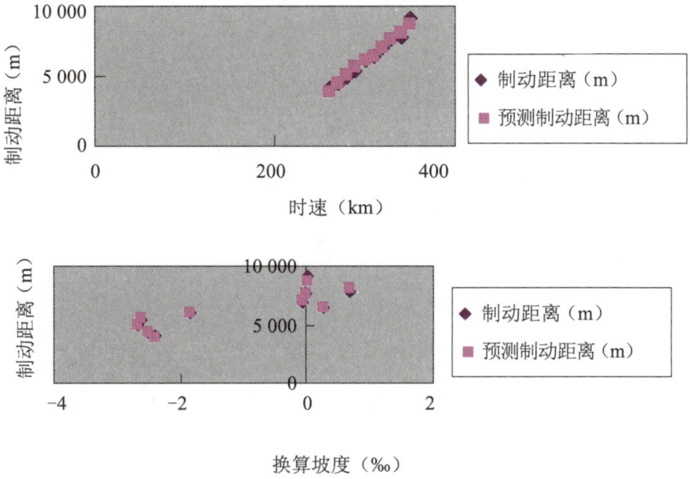

（b）自变量的预测制动距离与实际制动距离的线性拟合图

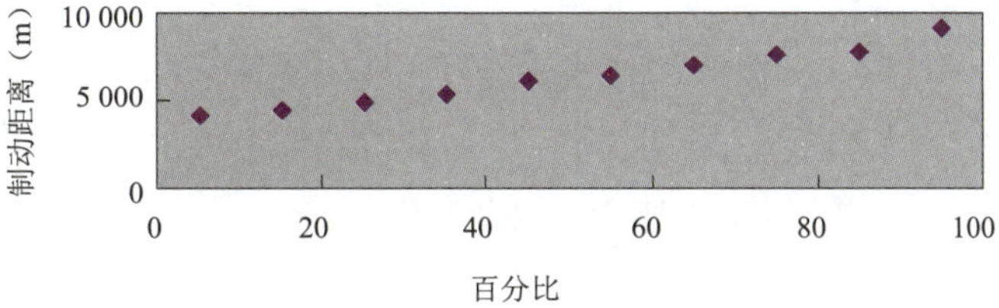

（c）正态分布概率图

图 5-2　回归模型的输出结果—有关回归分析图

根据计算机生成的线性回归输出结果，可得以下回归模型等式：

制动距离 = −11 200.434 83 +56.869 710 62 × 时速 −93.963 270 99 × 换算坡度。

5.3 某型动车组在高速铁路上制动距离数学模型的验证

在拟利用上述回归模型进行制动距离预测之前，分析所产生的回归模型的灵敏程度、有效性以及满足可能的线性假设、正态性假设等是极其重要的，以达到认真对待如何构造模型和严格解释模型输出结果的要求，真正始终在模拟中坚持必须遵循良好判断和全面分析的原则。因此，需要根据计算机输出的线性回归结果所提供的有关信息，对上述回归模型进行全面的分析、评估和验证，以通过检验回归模型确保其是科学合理有效的。

1. 线性检验。

线性的重要假设是因变量 Y 线性地依赖于自变量 X_1，X_2，…，X_k。因为上述回归模型中的自变量个数为 2，故不能够通过构造一张散点图来进行线性假设的检查。在此情况下，其一，依靠一般的经验和良好的判断力来检查因变量和自变量之间的线性关系与所做的假设是否相适应，根据动车组在高速铁路上制动距离的历史情况和现实情况，依靠多年在事实中得到和积累的经验，我们可充分地有理由判断动车组制动距离确实和时速、换算坡度客观上存在线性关系，这与上述回归模型所做的线性假设是相适应的；其二，上述回归模型的回归系数的决定因素 $R^2=0.983\ 499\ 201$，该数值很高，通常表示线性假设是合适的（例外情况除外）。

2. 回归系数符号检验。

根据多年在事实中得到和积累的经验，一般认为自变量时速应该对因变量制动距离的预测是正的贡献者，自变量换算坡度应该对因变量制动距离的预测是负的贡献者，并且我们确实从线性回归的计算机软件包输出结果所提供的有关信息中看到自变量时速的回归系数符号的确是正的，自变量换算坡度的回归系数符号的确是负的。

3. t 统计值检验。

t 统计值检验是利用 t 统计值检验回归系数是否显著不等于0。由于回归系数 b_m（$m=1$，2，…，k。以下同）是实际值（未知）β_m 的估计结果，如果回归系数 b_m 是很小的值，我们就不能够确定 β_m 的真正取值是否等于0，如果 β_m 的真正取值等于0，那么因变量 Y 和自变量 X_m 之间便没有任何线性关系，这时，X_m 就不应该影响因变量的任何预测估计。因此引进回归系数 b_m 的 t 统计值，$t=b_m/S_{bm}$，其中 S_{bm} 是回归系数 b_m 的标准离差。根据自由度个数、置信水平，利用 t 分布表，可查出某个自由度的 t 分布的 c 数值，如果 $|t|>c$，那么在这个置信水平上 β_m 的置信区间［$b_m-c\times S_{bm}$，$b_m+c\times S_{bm}$］中将不包含0，也即在这个置信水平上，β_m 不等于0。

在本回归模型中，自由度 $df=7$，置信水平 =95%，利用 t 分布表，可查得 $c=2.365$；根据上述计算机软件包输出结果所提供的有关信息，可知对于 β_0，$t=-6.194\ 497\ 202$；对于 β_1，$t=10.279\ 474\ 72$；对于 β_2，$t=-0.786\ 067\ 145$。由此可见，除 β_2 外以上 t 统计值的绝对值均 $|t|>c$，因此，在95%的置信水平上，β_0 的置信区间［$-15\ 475.974\ 71$，$-6\ 924.894\ 949$］中、β_1 的置信区间［43.787 768 16，69.951 653 08］中均不包含0，也即在95%的这个置信水平上，此回归模型的回归系数 b_0、b_1

的实际值（未知）β_0、β_1 不等于0。但β_2 的置信区间［-376.620 841 2，188.694 299 3］中包含0，由于回归系数 b_2 是实际值（未知）β_2 的估计结果，如果回归系数 b_2 是很小的值，我们就不能够确定β_2 的真正取值是否等于0，如果β_2 的真正取值等于0，那么因变量 Y 和自变量 X_2 之间便没有任何线性关系，这时，自变量 X_2 就不应该影响因变量 Y 的任何预测估计，可回归系数 $b_2=-93.963\ 270\ 99$，不是一个接近于0的很小的值，我们能够确定β_2 的真正取值不等于0，如果β_2 的真正取值不等于0，那么因变量 Y 和自变量 X_2 之间便有线性关系，也即在95%的这个置信水平上，虽然β_2 未通过 t 统计值检验，但此回归模型的回归系数 b_2 的实际值（未知）β_2 也不等于0。

4. 回归系数的决定因素 R^2 检验。

其一，回归系数的决定因素 R^2 =1 - 残差平方和/因变量观测值的总变化 =1 - 含自变量的线性回归等式没有解释的因变量观测值的变化部分/因变量观测值的总变化 = 含自变量的线性回归等式解释的因变量观测值的变化部分/因变量观测值的总变化。也即，回归系数的决定因素 R^2 的数值是由含自变量的线性回归等式解释因变量观测值的变化部分在因变量观测值的总变化中的比例。其中，残差平方和 $=\sum_{i=1}^{n}(y_i-\hat{y}_i)^2$，$y_i$ 是因变量的观测值，$\hat{y}_i$ 是因变量的预测值；因变量观测值的总变化 $=\sum_{i=1}^{n}(y_i-\tilde{y})^2$，$y_i$ 是因变量的观测值，$\tilde{y}$ 因变量的观测样本均值。一般来讲，回归系数的决定因素 R^2 的数值越高，含自变量的线性回归等式就越能（百分之多少）解释因变量观测值的变化，回归模型拟合得越好。本回归模型的回归系数的决定因素 $R^2=0.983\ 499\ 201$，说明由含时速、换算坡度自变量的线性回归等式能98.35%地解释因变量制动距离观测数值的变化，因此，本回归模型拟合得很好。

其二，回归系数的决定因素 R^2 是当“最佳”水平直线由最佳无约束直线代替时残差平方和减少的百分比，也即通过回归运算得到的线性回归倾斜直线产生的残差平方和比因变量观测值的均值水平直线产生的残差平方和减少的百分比。本回归模型的回归系数的决定因素 $R^2=0.983\ 499\ 201$，说明本回归模型中当因变量被线性地取决于自变量时，因变量观测值的均值水平直线产生的残差平方和被减少了 98.35%，倾斜的线性回归直线比因变量观测值的均值水平直线改善极大。

5. 正态性检验。

在假设的线性回归模型 $y_i=\beta_0+\beta_1X_{1i}+\cdots+\beta_kX_{ki}+\varepsilon_i$（$i=1$，…，$n$，为观测值序号）中，$\varepsilon_1$，$\varepsilon_2$，…，$\varepsilon_n$ 是“噪声”或者“不可测量的因素”，ε_1，ε_2，…，ε_n 的数值被假设为服从一个均值为 $\mu=0$ 和某一个标准离差为 σ 的正态分布。检验 ε_1，ε_2，…，ε_n 的数值为正态性假设的一种方法是通过构造回归残差值概率密度分布的直方图，第 i 个观测值的残差值 $e_i=y_i-\hat{y}_i=y_i-b_0-b_1X_{1i}-\cdots-b_kX_{ki}$（$i=1$，…，$n$，为观测值序号），检查回归残差值是否近似正态分布。如果直方图表明是像正态分布一样的钟状图形，则回归模型便满足正态分布的假设。

根据上述计算机软件包输出结果所提供的有关信息，可知因变量观测值与回归预测值之间的 10 个残差值，通过划分残差值区间和计算各个区间内残差值出现的频数进而计算出频率，并以残差值作为 X 值、以频率作为 Y 值构造回归残差值概率密度分布的直方图，详见图 5-3。

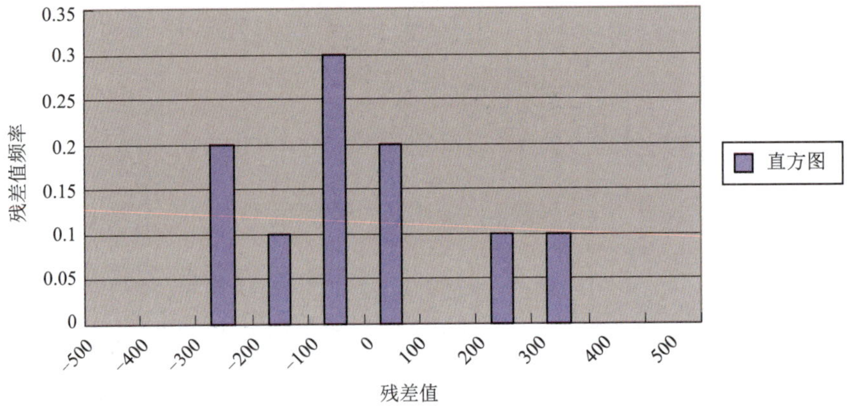

图 5-3 回归残差值概率密度分布的直方图

由此可见，此直方图显现了一个很好的钟状图形，表明本回归模型满足正态分布的假设。

与此同时，制动距离正态分布概率图（图 5-2 回归模型的输出结果——有关回归分析图的（c）正态分布概率图）也表明了本回归模型满足正态分布的假设。

6. 多重共线性检验。

高度相关的两个自变量的现象称为多重共线性，从某种意义上说，此现象表明回归模型混淆了每个自变量对预测的因变量的实际贡献程度。本模型具有一个很高的 R^2 数值，且对于显著性检验，换算坡度自变量回归系数的 t 统计值绝对值低于 c 值，检查两个自变量之间多重共线性是否存在是明智的。通过直观的检查，制动初始时速和换算坡度都是各自独立而客观的存在，制动初始时速与换算坡度两个自变量之间根本不存在任何相关性，更谈不上两者之间高度相关，因此不应该怀疑所给出的本回归模型中多重共线性的存在。

7. 异方差性检验。

在假设的线性回归模型 $y_i = \beta_0 + \beta_1 X_{1i} + \cdots + \beta_k X_{ki} + \varepsilon_i$ 中（$i = 1$，…，

n，为观测值序号），ε_1，ε_2，…，ε_n 是“噪声”或者“不可测量的因素”，ε_1，ε_2，…，ε_n 的数值被假设为服从一个均值为 $\mu=0$ 和某一个标准离差为 σ 的相互独立的正态分布随机变量的观测值。这个假设的其中一个重要方面就是不同的 ε_1，ε_2，…，ε_n 数值是从具有相同标准离差 σ 的分布中抽取的，此特性称为同方差性。如果随着自变量数值的增大回归残差值也随之变得较大或者较小，则说明回归残差值具有可以作为自变量观测值函数的模式，此特性称为异方差性，它违反了从具有相同标准离差 σ 的正态分布中抽取的 ε_1，ε_2，…，ε_n 数值的假设。因此我们通过绘制每个自变量观测值的回归残差值图，并图示检查回归残差值没有任何可以作为每个自变量观测值函数的模式来对异方差性进行测定。

根据上述计算机软件包输出结果所提供的有关信息，各个自变量的回归残差值的散点图（图 5-2 回归模型的输出结果—有关回归分析图的（a）自变量的回归残差值的散点图）。

在以上各个自变量的回归残差值的散点图显示中，都没有出现任何可以作为时速或者换算坡度的函数的残差值变化的模式，说明本回归模型不存在异方差性。

8. 自相关性检验。

在假设的线性回归模型 $y_i=\beta_0+\beta_1X_{1i}+\cdots+\beta_kX_{ki}+\varepsilon_i$ 中（$i=1$，…，n，为观测值序号），ε_1，ε_2，…，ε_n 是“噪声”或者“不可测量的因素”，ε_1，ε_2，…，ε_n 的数值被假设为服从一个均值为 $\mu=0$ 和某一个标准离差为 σ 的相互独立的正态分布随机变量的观测值。如果违反了 ε_1，ε_2，…，ε_n 相互独立性的假设，则自相关性的现象就会发生。

我们可以通过绘制回归模型的残差值按时间顺序变化的散点图，找出图形中的某种模式，来检查回归模型中自相关性的存在。根据上述计算机软件包输出结果所提供的有关信息，对本回归模型的 10 个回归残差值以时间为顺序，运用 Excel 软件中图标向导的图表类型散点图工具，对回归残差值按时间顺序绘制散点图（图 5-4）。此散点图表明回归模型的残差值随时间的变化没有任何明显的模式，因此，没有任何有关本回归模型中自相关性的证据。

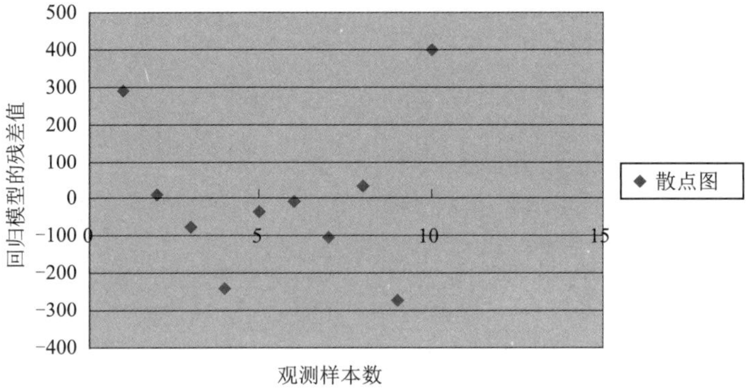

图 5-4　回归残差值按时间顺序绘制的散点图

9. 回归模型预测能力检验。

根据上述计算机软件包输出结果所提供的有关信息，计算机软件包计算绘制输出的每个自变量的预测制动距离与实际制动距离的线性拟合图［图 5-2 回归模型的输出结果—有关回归分析图的（b）自变量的预测制动距离与实际制动距离的线性拟合图］。

从以上每个自变量的预测因变量与实际因变量的线性拟合图显示的结果看，以本回归模型的每个自变量预测的因变量与实际的因变量拟合程度非常高。

与此同时，通过运用 Excel 软件中数据分析的相关系数工具，对预测的制动距离与实际的制动距离（表 5-4）之间进行相关系数计算（计算结果详见表 5-5）。

表 5-4　预测制动距离与实际制动距离表

预测制动距离（m）	实际制动距离（m）
3 812.207 19	4 100
4 391.089 915	4 400
4 973.984 871	4 900
5 539.064 392	5 300
6 035.062 115	6 000
6 405.130 263	6 400
7 002.805 642	6 900
7 566.889 151	7 600
8 071.108 661	7 800
8 702.657 799	9 100

表 5-5　相关系数计算表

	预测制动距离（m）	实际制动距离（m）
预测制动距离（m）	1	
实际制动距离（m）	0.991 715 282	1

可得两者之间的相关系数为 0.991 715 282，说明预测的准确性很高。

根据以上情况可知，本回归模型具有很好的预测能力。

总而言之，基于上述对本回归模型进行的全面分析、评估和验证，可以得出的结论是本回归模型令人十分满意，它是科学合理有效的，是一个很佳的具有良好预测能力的数学模型。

5.4　某型动车组在高速铁路上制动距离数学模型安全方面的修正

根据计算机生成的线性回归输出结果得到的回归模型等式：制动距离 = −11 200.434 83 + 56.869 710 62 × 速度 − 93.963 270 99 × 换算坡

度。上面虽对本回归模型进行了全面分析、评估和验证，并得出的结论是本回归模型令人十分满意，它是科学合理有效的，是一个很佳的具有良好预测能力的预测模型。但是，得到的含时速、换算坡度自变量的数学模型能 98.35% 地解释因变量制动距离的观测数值，未做到也不可能做到 100% 地解释因变量制动距离的观测数值。因此，为从安全方面考虑确保制动距离万无一失，必须认真对待预测制动距离的残差值问题，对动车组在高速铁路上制动距离数学模型做安全方面的修正。从回归模型的输出结果—有关回归分析表（表 5-3）可知，预测制动距离的残差值有 4 个正值、6 个负值，残差值正值表示实际制动距离大于预测制动距离，残差值负值表示实际制动距离小于预测制动距离，因此，从安全方面考虑，残差值负值是安全的，而残差值正值是不安全的，上述预测制动距离的最大残差值为 397.342 200 8（m），必须从安全方面考虑确保制动距离万无一失来修正以上数学模型，考虑到实际操作中司机采取制动动作时时间上的延迟性的弹性，取整数 500.000 000 0（m）作为数学模型修正值。从而得到修正的数学模型为：安全制动距离 = −11 200.434 83 + 56.869 710 62 × 时速 − 93.963 270 99 × 换算坡度 + 500.000 000 0，即安全制动距离 = −10 700.434 83 + 56.869 710 62 × 时速 − 93.963 270 99 × 换算坡度。

5.5 某型动车组在高速铁路上实用安全制动距离数学模型的最终建立

1. 动车组在高速铁路上安全制动距离数学模型中换算坡度的取值确定。

从安全制动距离 = −10 700.434 83 +56.869 710 62 × 速度 −93.963 270 99 × 换算坡度可知，当安全制动距离全段换算坡度为上坡（正值）时，则全段换算坡度宜尽量取可预见的合理的最小正值，以使安全制动距离得到最大值，以确保安全制动距离万无一失；当安全制动距离全段换算坡度为下坡（负值）时，则全段换算坡度宜尽量取可预见的合理的最大绝对值的负值亦即最小负值，以使安全制动距离得到最大值，以确保安全制动距离万无一失。

当动车组安全制动距离内所有区段换算坡度为唯一一个换算坡度时，直接将其与制动初始速度一并代入安全制动距离数学模型中即可直接得到动车组安全制动距离。但动车组安全制动距离内所有区段换算坡度往往存在多个换算坡度，由此带来了计算数学模型中换算坡度时动车组安全制动距离内最后一段坡段的取舍确定问题。

我们知道，在安全制动距离 = −10 700.434 83 +56.869 710 62 × 速度 − 93.963 270 99 × 换算坡度中，当动车组经制动距离 = −10 700.434 83 + 56.869 710 62 × 速度计算后，可得动车组在理论水平线路上从制动起始点到停车点（亦即理论水平线路停车点）之间的距离，即动车组在理论水平线路上制动距离 = −10 700.434 83 +56.869 710 62 × 速度。

（1）当动车组在理论水平线路上制动距离内（理论水平线路停车点以前的制动距离区段）所有区段的平均换算坡度为上坡时：

1）当理论水平线路停车点处在比以上所有区段的平均换算坡度更大一些的上坡（记为第 i 坡，下同）换算坡度时，则安全制动距离数学模型中换算坡度的取值确定只计算到理论水平线路停车点以前的前邻区段，即安全制动距离数学模型中换算坡度的取值确定只计算到第 $i-1$ 坡，以使安全制动距离取得最大值以确保安全。

2）当理论水平线路停车点处在比以上所有区段的平均换算坡度更小一些的上坡换算坡度时，则安全制动距离数学模型中换算坡度的取值确定计算到理论水平线路停车点所处的自身区段的适度位置（记为Ï，下同），即安全制动距离数学模型中换算坡度的取值确定计算到第 i 坡的适度位置Ï处，以使安全制动距离合理取得最大值以确保安全。

3）当理论水平线路停车点处在下坡换算坡度时，则安全制动距离数学模型中换算坡度的取值确定计算到理论水平线路停车点所处的自身区段的适度位置，即安全制动距离数学模型中换算坡度的取值确定计算到第 i 坡的适度位置Ï处，以使安全制动距离合理取得最大值以确保安全。

（2）当动车组在理论水平线路上制动距离内（理论水平线路停车点以前的制动距离区段）所有区段的平均换算坡度为下坡时：

1）当理论水平线路停车点处在比以上所有区段的平均换算坡度更陡一些的下坡换算坡度时，则安全制动距离数学模型中换算坡度的取值确定计算到理论水平线路停车点所处的自身区段的适度位置，即安全制动距离数学模型中换算坡度的取值确定计算到第 i 坡的适度位置Ï处，以使安全制动距离合理取得最大值以确保安全。

2）当理论水平线路停车点处在比以上所有区段的平均换算坡度更缓一些的下坡换算坡度时，则安全制动距离数学模型中换算坡度的取值确定只计算到理论水平线路停车点以前的前邻区段，即安全制动距离数学模型中换算坡度的取值确定只计算到第 $i-1$ 坡，以使安全制动距离取得最大值以确保安全。

3）当理论水平线路停车点处在上坡换算坡度时，则安全制动距离数学模型中换算坡度的取值确定只计算到理论水平线路停车点以前的前邻区段，即安全制动距离数学模型中换算坡度的取值确定只计算到第$i-1$坡，以使安全制动距离取得最大值以确保安全。

2. 动车组在高速铁路上实用安全制动距离数学模型的最终建立。

综上所述，动车组在高速铁路上实用的安全制动距离数学模型为：实用安全制动距离 = -10 700.434 83 + 56.869 710 62 × 制动初始速度 - 93.963 270 99 × 合理取值的换算坡度。其中：实用安全制动距离单位为 m；制动初始速度单位为 km/h；合理取值的换算坡度为换算坡度的分子，并根据动车组在理论水平线路上制动距离内（理论水平线路停车点以前的制动距离区段）所有区段的平均换算坡度为上坡或下坡情况，视理论水平线路停车点所处上下坡以及换算坡度情况进行合理取值确定。

值得注意的是，必须注意自变量数据范围之外的外推问题，动车组在高速铁路上实用安全制动距离数学模型是基于制动初始速度从 260 km/h 到 350 km/h、合理取值的换算坡度从 -2.670 2（‰）到 0.682 8（‰）的自变量数据范围而建立的，一般来讲，在起初利用建立数学模型的自变量数据范围内，利用建立的数学模型预测因变量的数值是合理的。因此，在以上自变量数据范围内实用安全制动距离数学模型是有效的；超出以上自变量数据范围时，利用建立的数学模型预测因变量的数值是不明智的，这是因为数学模型并不是基于以上自变量数据范围而建立的，实用安全制动距离数学模型的预测能力可能并不是那么好。

后　记

高速铁路实践是不断发展的，高速铁路理论不断来源于高速铁路实践，在此基础上的高速铁路理论也是不断发展的，并不断指导着高速铁路实践。从而高速铁路实践不断丰富、发展高速铁路理论，高速铁路理论不断指导、促进高速铁路实践，两者不断循环往复、螺旋上升。

高速铁路有关设计运营适用优化是一个长期发展的过程，既是对生动实践的全面总结，又是对既有理论的深化丰富，需不断总结、丰富和发展，其必将会随着不断实践而不断进行和发展，并不断来源实践、指导实践，不断促进达到属于那个时代的精致程度和精品工程，实现那个时代应有的具有适用、文化、艺术、精神的时代作品，有关人员在工作过程中应把握、坚持和践行优化原则，即根据设计和经验（根据本线设计和实践经验，既要维护设计的严肃性，又要完善设计的科学性），按照规定和需求（按照规范、标准、上级文件等规定和运营、发展、文化、艺术、精神需求），盯住过程和结果（通过盯住工程过程保工程结果，通过盯住工程结果保工程长久），确保安全和质量（确保工程、行车、人身等安全和材料质量、设备质量、建设质量、交付质量、永久质量）。

如果学术理论内容能够使人思考，实践总结内容能够使人受益，那么思著此书具有研究性和可读性即具有学术理论性和实践指导性的目的即已达到。在本书的写作过程中，参考了有关资料，并得到了很多同仁的支持和帮助，在此一并致以谢意。

参 考 文 献

[1] TB 10621—2014,高速铁路设计规范[S]. 北京:中国铁道出版社,2015.

[2] 朱国志. 铁路客运专线车站站场设计研究[J]. 铁道运输与经济,2008,30(9):14-18.

[3] (韩)黄喆昊. 建筑名作细部设计与分析 1[M]. 崔正秀,译. 北京:中国建筑工业出版社,2007.

[4] (韩)黄喆昊. 建筑名作细部设计与分析 2[M]. 李明辉,译. 北京:中国建筑工业出版社,2008.

[5] (韩)黄喆昊. 建筑名作细部设计与分析 3[M]. 崔正秀,牟在根,译. 北京:中国建筑工业出版社,2007.

[6] 铁路旅客车站设计施工细节处理(鉴建筑〔2008〕105 号).

[7] 中国铁路总公司关于发布《铁路旅客车站建筑细部设计和施工规定》的通知(铁总建设〔2015〕124 号).

[8] TB 10063—2016,铁路工程设计防火规范[S]. 北京:中国铁道出版社,2016.

[9] 董乃进,沈学军,李香凡,郭大刚,马莉莉. 福田地下火车站整体消防策略[J]. 铁道标准设计,2010(S2):104-130.

[10] TG/01—2014,铁路技术管理规程(高速铁路部分)[S]. 北京:中国铁道出版社,2014.

[11] 高速铁路防护栅栏管理办法(铁总运〔2014〕249 号).

[12] 中国铁路总公司关于印发《高铁运营安全质量服务效益综合评价办法(试行)》的通知(铁总运〔2017〕135 号).

[13] 高速铁路有关专业设计优化细化意见.

[14] TB 10601—2009,高速铁路工程测量规范[S]. 北京:中国铁道出版社,2009.

[15] 中国铁路总公司关于印发《运营高速铁路精密测量控制网管理办法》的通知

(铁总运〔2015〕126 号).

[16] 关于印发《铁路桥隧建筑物修理规则》的通知(铁运〔2010〕38 号).

[17] 中华人民共和国国务院令 第 639 号,铁路安全管理条例[M]. 北京:中国铁道出版社,2013.

[18] 中华人民共和国铁道部,中华人民共和国交通部,中华人民共和国公安部,中华人民共和国建设部. 关于贯彻《铁路运输安全保护条例》,加强铁路桥梁(涵洞)、线路安全保护工作的通知(铁办〔2005〕134 号).

[19] (美)伯特西马斯,弗罗因德. 数据、模型与决策:管理科学基础[M]. 李新中,译. 北京:中信出版社,2004.